O PODER DA PNL

Aplicações para o sucesso pessoal e profissional

Literare Books
INTERNATIONAL
BRASIL · EUROPA · USA · JAPÃO

Presidente:
Mauricio Sita

Vice-presidente:
Alessandra Ksenhuck

Capa:
Julyana Rosa

Diagramação:
David Guimarães

Revisão:
Débora Tamayose

Diretora de projetos:
Gleide Santos

Diretora executiva:
Julyana Rosa

Gerente de marketing e de novos negócios:
Horacio Corral

Relacionamento com o cliente:
Claudia Pires

Impressão:
Um Livro

Dados Internacionais de Catalogação na Publicação (CIP)
(Câmara Brasileira do Livro, SP, Brasil)

O Poder da PNL / coordenação Douglas De Matteu. --
1. ed. -- São Paulo : Literare Books
International, 2017.

ISBN: 978-85-9455-025-5

1. Comunicação 2. Programação neurolinguística
3. Programação neurolinguística - Obras de divulgação
I. Matteu, Douglas De.

17-02482 CDD-158.1

Índices para catálogo sistemático:

1. Comunicação : Programação neurolinguística :
Psicologia aplicada 158.1

Literare Books International
Rua Antônio Augusto Covello, 472 – Vila Mariana – São Paulo, SP
CEP 01550-060
Fone/fax: (0**11) 2659-0968
site: www.literarebooks.com.br
e-mail: literare@literarebooks.com.br

Sumário

1

A importância de falar positivamente

Fico imaginando como seria para você poder criar novas realidades, potencializando ou limitando comportamentos, tomando consciência de forma ecológica, utilizando recursos que sempre estiveram disponíveis, aplicando a Programação Neurolinguística (PNL) em seu cotidiano, possibilitando a mudança no ambiente, agindo no comportamento e identificando na capacidade algo tangível e imediatamente possível

André Luiz dos Santos

André Luiz dos Santos

Master Practitioner em PNL Sistêmica; Outras abordagens Espiritualistas; busca constante de novos recursos e ferramentas objetivando integração e interação com as técnicas de PNL. Voluntário Espírita atuando em vários segmentos; expositor, orador e palestrante, vivenciando a palavra como fonte inspiradora da mudança interior, trazendo a reflexão como proposta de mudança. Gestor de Segurança Empresarial e Patrimonial, com foco na Prevenção de Perdas e Riscos; formação acadêmica direcionada ao treinamento e interação com o profissional que atua em campo; vivência em grandes empresas possibilitando exercitar a liderança com propósitos; utilização das ferramentas de PNL agregando valor à mudança e possibilitando a construção dos resultados desejados.

Contatos
aluiz791.wix.com/espacoandreluiz
aluiz791@gmail.com
www.facebook.com/andreluiz791/
(11) 96622-2074

A energia de falar positivamente

Você percebe como as pessoas se comunicam? Você percebe como as pessoas não comunicam? De qualquer forma ou opção, a comunicação está sendo expressa, e o resultado dela também. Perceba que as duas questões iniciais são iguais em seu questionamento, ou seja, o cérebro não processa a palavra "não" da segunda questão. Por que isso acontece? É importante que você reflita sobre essa questão. Qual é seu papel na vida neste momento: pai, mãe, filho, líder, comunicador, ouvinte? Seja qual for sua posição, a comunicação do mundo certamente o influencia.

Conhecer os mecanismos do cérebro ajuda e muito na comunicação, e a Programação Neurolinguística (PNL) contribui de forma assertiva nesse e em muitos outros pontos, apresentando-se como uma ferramenta completa para o autoconhecimento.

Pressupostos da PNL

A energia vai aonde colocamos nossa atenção. Esse é um dos pressupostos (um "dado" apresentado e considerado indiscutível ou incontestável) da PNL, que nos alerta de que estamos interagindo, agindo, mudando aquilo em que colocamos nossa atenção e nossa energia, ou seja, aquilo em que focamos. A questão da linguagem é fundamental para comunicar, e, sendo assertiva, podemos direcionar a energia que desejamos e consequentemente alcançar o resultado esperado de forma natural, muito natural. Entre as diversas ferramentas que podemos utilizar, falar de modo positivo a fim de gerar ações positivas é a que vamos explorar neste momento.

Fico imaginando como seria para você – sim, para você –, exatamente neste momento, poder se permitir, poder trazer conhecimento e energia nova, os quais, porém, sempre estiveram presentes, para que realize projetos e possa, em seu nível de atuação e interação, influenciar as pessoas com seu modo de falar, expressar, comunicar.

A linguagem dirige nossos pensamentos a direções específicas e, de alguma forma, nos ajuda a criar a realidade, potencializando ou limitando nossas possibilidades. A habilidade de usar a linguagem com precisão é essencial não só para uma boa comunicação direta, mas também para a emissão de vibrações, uma forma de fazer as coisas acontecerem, lembrando a questão ecológica, ou seja, que, com tudo o que interagimos, busquemos sempre ter consciência, retorno e respeito. O cérebro não distingue o real do imaginário, ou seja, criamos a realidade a todo momento e, para tanto, temos a nossa disposição recursos valiosíssimos.

A PNL é um excelente caminho para quem busca desenvolver uma maneira positiva e correta de se expressar. O cérebro humano está continuamente criando imagens mentais. Essa é uma das maneiras fundamentais pelas quais nos orientamos no mundo em que nos cerca. A estruturação mental de imagens permite ao cérebro criar relações entre os objetos no espaço físico de modo que nossos sentidos possam detectá-los. Baseados nessas imagens, escolhemos como interagir com o mundo. As imagens são a fonte primária da escolha de nosso comportamento. Imagino como seria para você perceber que sua postura, seu olhar e suas expressões influenciam o meio em que vive e interage – pense nisso e imagine, perceba sua forma de atuação neste momento, sua forma de "viver" neste momento. Questões sensoriais – sentir, ouvir, olhar, falar, cheirar– trazem e denotam lembranças que podemos chamar de âncoras e, mais do que você possa imaginar, trazem raízes, trazem reações e ações correspondentes.

Existem duas maneiras-chave pelas quais a mente recebe os dados dos sentidos com os quais criamos essas imagens. Uma é pelo que vemos, e a outra, pela linguagem que ouvimos. Essa é conhecida tecnicamente como imagem verbal, que tem um efeito poderoso no comportamento humano.

Como usar isso conscientemente para nos comunicarmos de maneira mais clara?

Quando uma pessoa ouve palavras, o cérebro imediatamente processa esse "dado sensorial" como uma imagem. Frequentemente, a imagem criada no cérebro é contrária à ideia que as pessoas estão tentando comunicar. Na verdade, muitas vezes, é exatamente o oposto! Entretanto, em todas as áreas da comunicação humana torna-se importante, senão crítico, escolher conscientemente palavras para criar o efeito que estamos procurando em uma dada situação.

Sua criação, suas experiências, o meio em que cresceu, as escolhas que fez, as escolhas que não fez, os medos, as travas, os acertos, os sucessos, as dúvidas, enfim, suas constatações e suas percepções hoje determinam seu estado atual, porém, se você deseja mudar, buscar um estado desejado, o caminho pode se apresentar de maneira surpreendente, possibilitando, por meio de um desejo, essa busca, a forma ou a maneira de mudar, transformar, transmutar algo que deseja. O que pode ter influenciado a palavra não em sua vida?

Uma das mais curiosas palavras da língua portuguesa é o "NÃO". A curiosidade vem do fato de que, em termos visuais, o cérebro não pode processar essa palavra. É como se, na mente humana, a palavra "não" simplesmente não existisse. Quando apresentado com um "não", o cérebro imediatamente cria uma imagem que "não" era para ser criada. Você tem essa experiência quando tenta "não" imaginar um elefante rosa. Percebeu?

Vejamos um exemplo:

Uma mãe dirige-se ao filho e diz as seguintes palavras:

"Agora, querido, não derrame seu leite!"

Qual é a imagem visual criada imediatamente na mente da criança?

Claro: leite derramado!

Aqui estão algumas das palavras e expressões negativas mais usadas: "não posso", "não", "não devo", "evitar" e "nunca".

É útil se tornar consciente disso para saber quando e como você usa essas palavras. Quanto mais consciente você está, mais seu cérebro começará a oferecer alternativas!

Existe um segundo fator em relação a como nossa mente lida com essas imagens que é importante compreender. O cérebro opera com um processo interno conhecido como dissonância cognitiva, que trabalha em conjunto com a imagem visual, uma vez que uma imagem é criada, o cérebro procura transformar aquela visão em realidade.

Com essa ideia em mente, pense no exemplo anterior. A criança estava "imaginando" o leite derramando pela mesa. O que você acha que acontecerá depois? Você provavelmente adivinhou. Em alguns segundos, o braço da criança baterá "acidentalmente" no copo, e o leite derramará, porque num nível inconsciente o cérebro, por meio do mecanismo de dissonância cognitiva, está procurando trazer para a realidade a imagem visual que ele está vendo! Embora a mãe repreenda a criança por "não prestar atenção", a criança, verdadeiramente, estava prestando muita atenção exatamente ao que a mãe lhe disse! Fico imaginando como seria diferente essa história se a mãe conhecesse o efeito da palavra "não", como seria sua fala, como seria sua reação quando o filho cometesse um "erro" e como seria essa criança livre ou liberta de uma culpa cuja cura acabará buscando mais tarde numa terapia. Gosto da frase que diz: "Os pais são culpados que não têm culpa".

O termo imagem mental é mais útil se for expandido para incluir um aspecto adicional. As imagens que queremos eliminar, frequentemente, contêm o que poderia ser denominado ações negativas ou consequências. Aquelas que queremos criar são, comumente, positivas. Adicionando essa ideia à primeira, de criar imagens, chegamos ao termo imagens mentais positivas.

Imagens mentais positivas são a meta de qualquer pessoa que está, conscientemente, escolhendo suas palavras para comunicar uma ideia de maneira correta. Apresento aqui um exemplo para ilustrar esse ponto, o qual inclui duas imagens mentais que devem ser ajustadas de imagens negativas para positivas:

Um professor faz a seguinte declaração:

"Não cometa muitos erros ou você não passará no teste!"

Estão sendo criadas duas imagens: erre e falhe!

Em vez disso, o professor poderia ter falado...

"Certifique-se de acertar o máximo que puder e você receberá uma nota excelente no teste!"

Conscientemente, escolher com cuidado que palavras usar pode parecer estranho a princípio. Essa estranheza é resultado de fazer algo diferente do que lhe é familiar. Fazendo uma analogia, lembre-se da primeira vez que andou de bicicleta. Isso pode ter sido extremamente estranho no início. Eventualmente, no entanto, você foi se acostumando, e, então, andar de bicicleta tornou-se algo completamente natural.

Pelo exemplo acima, podemos concluir que falar positivamente gera uma vibração e uma ação, portanto, ao empregar a linguagem de forma consciente, devemos ainda atentar à questão ecológica (ética), para só então determinar uma ação. A vibração das palavras se faz presente, tanto a negativa como a positiva; e nosso cérebro interpreta a informação e busca a realização dela como se fosse um comando. Sabendo disso, podemos interagir com o objetivo de fazer acontecer, de realizar aquilo que desejamos.

Líder × educador

Imagino como seria para você, líder, falar a sua equipe utilizando como ferramenta a comunicação positiva; o sucesso certamente acontecerá. Por exemplo, ao ler esta frase redigida de modo positivo, você está recebendo a mensagem de forma positiva, ou seja, acreditando que é possível alcançar o sucesso, ele será realizado.

Algumas questões de sucesso na gestão de uma equipe certamente estão relacionadas à forma de expressão e comunicação. Por exemplo, nos níveis em que percebemos em determinada empresa de porte pequeno/médio, comunicar pode ser essencial para o desenvolvimento dela, e muita energia é gasta na questão. No entanto, a efetividade acaba se perdendo porque inconscientemente a mensagem é outra, e os profissionais executam o que receberam em sua mente. Isso gera muitas ações desnecessárias e retrabalho, prejudicando assim o fator resultado. Perceber a importância dessa ferramenta relativamente simples coloca a empresa no caminho certo e gera assertividade e resultados melhores e mais sólidos, denotando ainda a possibilidade de o time ou a equipe poderem, juntos, buscar mais e mais conhecimento, estrutura e contribuição para a expansão da empresa. Perceba a diferença na forma inicial e na forma declara de resultados.

Imagino ainda como seria para você, sim, para você, educador, professor, pai, mãe, avô, avó... utilizar essa ferramenta de comunicação e obter de forma mais precisa aquilo que deseja. Isso é possível e mais natural do que pode parecer, é a PNL aplicada à vida cotidiana das pessoas.

Podemos ainda olhar a questão de outros ângulos. Por exemplo, a loja X contrata um profissional de marketing e prepara uma grande promoção para o fim de semana, objetivando, claro, vender determinado *mix* de produtos. Toda a empresa é envolvida nesse projeto, todas as áreas determinantes, como a comercial e a logística, executam suas ações e, na última etapa do processo, a mídia lança a oferta em rede nacional:

"Não percam, promoção somente neste fim de semana..."

E anunciam, investem, imaginando estar certos em sua estratégia. Perceba que o cliente recebe essa informação, e seu inconsciente reage de forma particular, por isso uma promoção ou incentivo muitas vezes deixam a desejar nos resultados.

Fico imaginando como seria para essa empresa ter conhecimento específico no sentido da comunicação verbal positiva, declarando a frase acima no positivo:

A melhor promoção do mundo.

"Aproveitem a sensacional promoção somente neste fim de semana..."

Quase podemos sentir a vibração positiva dessa ferramenta, que está a sua disposição e sempre esteve.

Temos inúmeros exemplos em nosso cotidiano do emprego da comunicação positiva e também das oportunidades de expressar uma informação ou uma comunicação de forma mais positiva. Com consciência e conhecimento dessa ferramenta, podemos ainda associá-la a outros recursos ou técnicas, sendo um deles o circuito neurológico.

Temos ainda a possibilidade de perceber questões mal utilizadas intencionalmente e bloquear ações não ecológicas, não éticas, numa venda ou oferecimento de produto, numa propaganda política, num anúncio, ou seja, se você conhece, torna-se mais e mais imune a certas "armadilhas" que hoje percebemos no ar.

Circuitos neurológicos

Na PNL, as combinações de várias dimensões de nossa experiência subjetiva são incorporadas a partir dos circuitos neurológicos que formam nossa representação interna da realidade. Os circuitos neurológicos podem ser ativados e mobilizados por meio de padrões de linguagem, de estratégias cognitivas e de pistas de acesso.

Temos seis níveis desses circuitos: FATORES AMBIENTAIS, COMPORTAMENTO, CAPACIDADES, CRENÇAS E VALORES, IDENTIDADE e FATOR ESPIRITUAL.

É importante e necessário observar que podemos aplicar e utilizar esses níveis em todo processo com que interagimos, possuindo assim uma ferramenta que cria inúmeras possibilidades. No cuidado com a palavra negativa, estaríamos buscando algumas respostas no nível de crenças e valores utilizando a pergunta: por quê?, ou seja, identificando ou buscando pistas da formação e da construção do momento atual da vida. Porém, quando falamos em um nível, obrigatoriamente teremos de olhar para os níveis anteriores, nesse caso: ambiente, comportamento e capacidades, buscando assim a essência da questão.

No nível dos fatores ambientais, encontramos respostas utilizando a pergunta: onde? quando? Identificamos o ambiente em que estamos, a influência dele sobre nossas decisões e o lugar onde tudo começou, o que traz a possibilidade de mudar esse ambiente com novas percepções, permitindo assim agregar valor a algo recebido, ou seja, é possível agregar o novo ao ambiente. Podemos ainda explorar a questão interna, ou seja, olharmos e constatarmos nosso "eu", nosso íntimo, e assim mudar se necessário ou aprimorar aquilo que já possuímos. Esse nível é determinante por ser o início de uma caminhada, de uma jornada.

No nível dos comportamentos, devemos utilizar a pergunta: o quê? Olhando a questão anterior antes da mudança dos fatores ambientais, verificamos o que acontecia e como determinado comportamento se apresentava, ainda no negativo, mas agora cria nova possibilidade de mudar a forma de interagir e, consequentemente, mudar o comportamento atual, ajustando-o aos novos conhecimentos e possibilidades. Perceber o comportamento utilizado é fundamental para o processo de mudança interior, pois reagimos de acordo com o ambiente e agora é possível "reprogramar" algo de modo a buscar resultados determinantes.

No nível das capacidades, as respostas são obtidas por meio da utilização da pergunta: como? Percebendo-se, dessa forma, o mapa mental, agora ciente da estratégia de como fazer diferente, ou seja, aceitando a mudança e encontrando um meio de fazê-la, de realizá-la. Nesse momento de determinar as estratégias, é possível buscar profissionais – como os da área da neurolinguística – para identificar as reais necessidades de traçar estratégias claras no sentido, por exemplo, de obter uma comunicação mais eficiente.

No nível de crenças e valores, devemos utilizar a pergunta: por quê? Nesse momento, devemos perceber o que fora recebido até então, na formação e no grupo, permitindo-se se questionar por quê? O que possibilita de maneira ainda mais desafiante os novos processos de interação. Agora tudo o que o indivíduo recebe ou recebeu durante a vida formatou o que ele expressa, porém, como toda crença por si só é limitante, permitindo a mudança, é possível reconstruir e traçar objetivos mais específicos, como olhar para pessoas de sucesso e aprender com elas.

Podemos nesse momento continuar a caminhada, olhando para a frente e percebendo que é possível buscar mais.

No nível da identidade, a pergunta a ser feita é: quem? Agora você se reconhece de maneira ainda mais intensa, trazendo a vivência e a experiência da caminhada até então empregada. É possível trazer sua missão, seu propósito, seu senso do Eu. Em nível avançado, buscamos entender e compreender o interior e também como impactar o exterior pode fazer toda a diferença para uma identidade real.

No nível espiritual, fazemos a pergunta: quem mais? E assim encontramos a consciência de que fazemos parte de um sistema maior que se estende além de nós mesmos como indivíduos para nossa família, nossa comunidade e sistemas globais. Esse algo mais existe e determina sim a percepção das pessoas, quanto mais opções de mapa neste momento, mais recursos e ferramentas disponíveis para buscar objetivos e metas traçadas, de modo muito mais consciente e intenso.

Essa caminhada e percepção de mundo é possível e sempre esteve à disposição das pessoas, de forma relativamente simples, porque gera algo relacionado à programação, não de um computador que aceita *inputs*, mas da mente que processa aquilo e daquilo que é alimentada; importante e determinante é a questão ecológica no sentido ético, porque nos níveis de conhecimento, na caminhada efetiva, haverá um momento de consciência e nela a percepção do que fora feito ou realizado e certamente o ecológico será percebido em seu movimento, que ouso chamado de certo.

Trazendo essa questão e esse conhecimento para a interação com as pessoas em diversos níveis e a possibilidade de comunicar de forma a ter retorno satisfatório, podemos ainda aplicar essa mesma comunicação identificando o nível neurológico mais adequado ao receptor da mensagem. Por exemplo, caso seja necessário interação em um grupo heterogêneo, em uma formação ou em uma capacitação, podemos comunicar e treinar de forma positiva e proativa, ressaltando as questões e a aplicação ou não das palavras significativas (podem criar novas realidades, potencializando ou limitando comportamentos): não, mas, ainda, quase, tentar, ia (tempo verbal), gostaria, teria, falaria, se/quando, devo/tenho, que/preciso, difícil.

Como vivência e aplicação, tenho utilizado os níveis do circuito neurológico para situar o grupo num determinado contexto, trazendo o reconhecimento da diversidade do que fora recebido e a possibilidade de agregar determinados valores ao nível mais adequado, certificando-me assim da real possibilidade de uma interação maior. Claro que, para avançar a determinado nível, temos de considerar a real necessidade de uma informação ou uma formação mais direcionada ou técnica. No geral, é possível utilizar a comunicação de forma positiva, sendo ecológico, e construir uma identidade mais independente e consciente, convidando assim a que, agora, o indivíduo olhe para a frente e possa se questionar ou desejar se questionar sobre o que mais.

Ponte para o futuro

Olhar para o futuro pode e deve nos remeter à frente, porém no presente criamos o futuro. Imagino você questionando o passado, o presente e o futuro, convido-o a imaginar o número oito, sim o número oito (8), agora deite esse número na horizontal e temos o símbolo do infinito, ou seja, temos uma bela representação e uma possibilidade de reflexão. Pergunto por que existem esses vazios entre o ponto de interseção? Você sabia que o ponto de interseção representa o presente? Que do lado esquerdo temos o passado e do lado direito o futuro. Por que são vazios os espaços? Do lado esquerdo está o passado, que já passou e não tem como ficarem os registros (apenas suas experiências internalizadas); e, do lado direito, está o futuro, vazio, porque ainda não existe e pode ser quem nem exista ou porque pode ser que exista exatamente da maneira que na interseção, ou seja, de acordo com o que você está criando exatamente neste momento.

Fico imaginando como seria para você, sim, para você perceber que não vai dar importância à valiosa ferramenta que temos a nossa disposição, a qual você acaba de receber como um grande presente e pode, no seu tempo e no seu momento, pesquisar, buscar, saber mais e, quem sabe, até ousar aprender e colocar em prática, permitindo-se e contribuindo para formar, construir, participar de uma comunicação mais e mais direcionada e positiva, podendo ser a diferença que deseja no mundo, mudando exatamente um dos agentes mais importantes que existe, você.

A partir de agora você, e somente você, pode fazer uso de algo maior, que poderá influenciar as pessoas ou, quem sabe, a você mesmo de forma a declarar o que realmente deseja falar, verbalizar, aplicar.

Trazendo ainda um pressuposto da PNL: SE É POSSÍVEL PARA O MUNDO, É POSSÍVEL PARA MIM. Perceba que pessoas já utilizam esse conhecimento. Acredite. É possível para você!

2

PNL e administração de conflitos

Neste artigo nos limitaremos à abordagem dos conflitos intrapessoais e interpessoais que envolvam a pessoa em suas relações consigo mesma, com a família e com as corporações. Trataremos dos três principais temas causadores de conflitos nessas relações, bem como apresentaremos técnicas e ferramentas da Programação Neurolinguística que possibilitam preveni-los, solucioná-los e administrá-los

Aternízio Oliveira

Aternízio Oliveira

Graduado em Filosofia-UMESP; Curso de Extensão em Psicologia Budista-Ciência Meditativa; *Coach* com certificação internacional-Lambent (ICC) e SLAC (ICF), *Coaching* Gerativo – Rober Dilts (Metaforum); *Master* e *Trainer* em PNL- SBPNL; Hipnoterapeuta-Metaforum Internacional; *Practitioner* em Terapia da Linha do Tempo (TLT)- Metaprocessos; Mestre de Reiki-Humaniversidade.
Atua há mais de 30 anos em posição de liderança de equipes em empresas de engenharia industrial de médio e grande porte de origem nacional e multinacional. *Coach* com certificação internacional e Terapeuta holístico, ministra palestras, cursos e treinamentos com foco em desenvolvimento humano nos temas Administração de Conflitos, Comunicação Eficaz, Administração do Tempo, Educação e inteligência Financeira.

Contatos
aternizio@uol.com.br
(11) 5533-2378
(11) 99756-2177 / (12) 99726-2177

Embora todos tenham ideia do que seja um conflito, porque de alguma forma já o vivenciaram, é sempre interessante uma definição, pois sua abrangência vai além do que imaginamos.

O dicionário informal define conflito como oposição de ideias, sentimentos e interesses. Outros falam de disputa por recursos escassos, sejam de natureza material, sejam afetiva.

No entanto, a pergunta mais ouvida é: "Por que administração, e não eliminação do conflito?".

A resposta é simples. Assim como uma de suas fontes são as emoções, o conflito é da natureza humana. Mesmo tendo se intensificado em razão da vida atribulada da modernidade, não é exclusividade dela. A título de exemplo, em Gêneses, o livro inicial da Bíblia, já constatamos de forma explícita os conflitos entre Caim e Abel, Sarai e Agar, Esaú e Jacó, José e seus irmãos.

Naturalmente, as situações devem ser monitoradas e administradas, como recomendam algumas visões, para evitar extremismos como os de Caim e Abel. Atualmente, o conflito é visto de três posições diferentes: a tradicional, a interacionista e a humanista.

Na visão tradicional, o conflito é sempre visto como negativo e, portanto, deve ser combatido. Sob essa perspectiva, o conflito só se instala pela ineficiência dos gerentes. Na visão interacionista, o conflito é visto como benéfico e é até mesmo incentivado. Já a visão humanista vê o conflito como natural e normal e recomenda fazer uma avaliação criteriosa antes de intervir em sua administração.

Os conflitos têm amplitude e envolvimento diversos, que vão dos intrapessoais aos mundiais, passando pelos familiares, pelos corporativos e pelos sociais.

Mostramos na figura 1 o diagrama sistêmico dos conflitos e

destacamos as principais causas de sua origem, os afetos, a visão de mundo diferente e a falha de comunicação.

Diagrama sistêmico do conflito

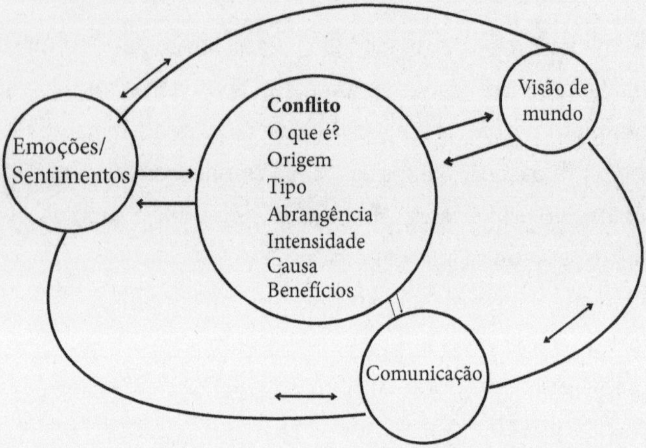

Neste artigo nos limitaremos à abordagem dos conflitos intrapessoais e interpessoais que envolvam a pessoa em suas relações consigo mesma, com a família e com as corporações. Trataremos dos três principais temas causadores de conflitos nessas relações, bem como apresentaremos técnicas que possibilitam preveni-los, solucioná-los e administrá-los.

Comunicação

Toda vez que quisermos entender um conflito, precisamos voltar toda a nossa atenção para a forma como a comunicação está sendo estabelecida. Isso porque, ao contrário do que pensa o comunicador despreparado, cada palavra pode ter significado diferente para a outra pessoa e ser interpretada de forma diferente da enunciada. Como diz a Bíblia: "O mundo inteiro falava a mesma língua, com as mesmas palavras" (Gn. 11, 1), mas isso não mais ocorre desde a Torre de Babel.

A Bíblia relata, em Gn. 11, 1-9, a confusão linguística imposta por Deus aos homens no episódio da Torre de Babel, com o intuito de dificultar o entendimento entre eles.

O mito de Hermes, o patrono da comunicação e do entendimento humano, também nos alerta para a armadilha que a linguagem pode pregar. Na mitologia, Hermes é o mensageiro entre a linguagem dos deuses e a dos humanos ou, na hermenêutica, entre o pensamento e sua expressão linguística.

No processo de expressão do pensamento, ou seja, na construção da linguagem, generalizamos, omitimos ou distorcemos a experiência e, dependendo do grau com que fazemos isso, podemos comprometer o entendimento da mensagem.

Entre as principais causas dos ruídos na comunicação estão:

1. Inconsciência do processo: desconhecer a construção da linguagem e os elementos da comunicação (regra 7-38-55);
2. Ignorância dos estados emocionais: eles influem no tom de voz e na linguagem corporal;
3. Julgamentos: atacar a identidade, em vez do comportamento; menosprezar os critérios e os valores dos interlocutores;
4. Desconhecimento dos sistemas representacionais: nossa forma sensorial preferida de acessar o mundo, "eu processamento e representação mental".

Emoções

Na maioria dos casos, os resíduos emocionais são armazenados inconscientemente, assim, algumas palavras agem no interlocutor como gatilhos que despertam emoções adormecidas. Como nos afirma Goleman,

> Basta que poucos elementos esparsos da situação pareçam semelhantes a algum perigo do passado para que a amígdala dispare seu alerta de emergência. O problema é que, junto com as lembranças emocionalmente carregadas que têm o poder de provocar essa reação de crise, podem vir do mesmo modo formas obsoletas de responder. (2012, p. 47)

Como consequência da má administração das emoções e dos sentimentos, temos o seguinte: desconforto, desarmonização, sofrimento, estresse e doenças, os quais, no âmbito organizacional, se traduzem em queda de produtividade, licença médica, rotatividade, entre outros.

Visão de mundo

Uma das maiores causas dos conflitos é, sem dúvida, a visão de mundo. A forma como as pessoas fazem a leitura do mundo e dão significado aos fatos. Todos já tivemos a experiência de participar do mesmo evento e ver avaliações tão díspares que parecem de eventos diferentes. Desconhecer isso é passaporte carimbado para o conflito. Como afirma Kant,

> [...] não conhecemos de nenhuma maneira as coisas em si mesmas. Desde o momento em que fazemos abstração de nossa natureza subjetiva, o objeto representado e as propriedades que lhe atribuímos mediante a intuição desaparecem; porque a natureza subjetiva é precisamente quem determina a forma desse objeto como fenômeno. (p. 26)

E respeitar isso é fundamental no processo comunicacional. O que cada um apresenta como realidade é altamente subjetivo, depende da cultura em que fomos educados e das crenças sobre nós, os outros e o mundo que construímos com base nos aprendizados que adquirimos desde a infância.

Benefícios da administração de conflitos

Entre os benefícios da administração dos conflitos, podemos citar: aumento do bem-estar pessoal; melhora do ambiente familiar, do acadêmico, do corporativo e do social; melhora dos desempenhos acadêmico, profissional e social; aumento da sociabilidade; diminuição da violência; melhora da saúde.

Ferramentas e técnicas para solução e administração de conflitos

Apresentamos a seguir uma breve descrição das ferramentas da PNL trabalhadas no treinamento de administração de conflitos e mencionaremos a técnica de comunicação não violenta (CNV) e a administração de conflitos em quatro passos.

Presença: esse é o maior presente que você pode dar a si mesmo, e somente por meio dela pode estar inteiro, entender e respeitar a si e ao outro.

Rapport: conjunto de ações que confere qualidade aos relacionamentos, proporcionando melhor entendimento entre as pessoas. Ele é construído e mantido por meio do respeito aos valores, às crenças, às formas de comunicação e à visão de mundo dos interlocutores. Segundo as palavras de Goleman, "Em suma, a coordenação de estados de espíritos é a essência da relação, a versão adulta da sintonia que a mãe tem com o bebê" (2012, p. 137).

Empatia: é a capacidade de se colocar no lugar do outro. Ela é tão importante que Martin Hoffman, segundo Goleman, afirma que "As raízes da ética estão na empatia" (2012, p. 126). Com efeito, ela é fundamental na prevenção, na solução e na administração de conflitos. Se formos capazes de sentir a dor do outro, seremos incapazes de lhe causar sofrimento deliberadamente.

Ouvir consciente: sobre a importância do ouvir, o mestre budista Nhat Hanh nos adverte de que, "Quando ninguém nos ouve ou nos entende, nós nos transformamos numa bomba prestes a explodir. [...] Portanto, se realmente amamos alguém, precisamos nos treinar para sermos um profundo ouvinte" (2013, p. 113). As palavras ouvir e escutar são utilizadas frequentemente como sinônimas. O'Connor afirma que "Escutar é um processo passivo. [...] Ouvir é um processo ativo [...]" (2010, p. 62), na apostila de Certificação Internacional em Coaching, e classifica escutar no nível mais baixo de ouvir, seguido do ouvir superficial, do ouvir alerta e, por último, do ouvir consciente (2002, p. 72). No entanto, ele usa ouvir e escutar como sinônimos quando afirma que "O ato de escutar parece simples" e, em seguida, aborda as quatro formas de ouvir (2004, p. 86). Creio que a palavra não tenha muita importância, desde que o significado seja bem compreendido, ou seja, desde que tenhamos consciência dos níveis da atividade. No ouvir consciente, ou no profundo nos dizeres de Nhat Hanh, você minimiza o julgamento e o diálogo interno. Disponibiliza-se para o interlocutor.

Fala correta: o Ocidente vem se dando conta da importância dessa prática, enquanto no Oriente ela é tão antiga que consta como um dos preceitos do caminho óctuplo do budismo. Citando Nhat Hanh, "Sem esta habilidade não conseguimos restaurar a harmonia, o amor e a felicidade" (2013, p. 113).

Posições perceptuais: um desenhista sabe que para representar tanto uma peça complexa quanto uma edificação simples precisamos de várias vistas. Cada uma delas nos mostra os detalhes daquela visada. Assim também são as situações que se apresentam no cotidiano. Se vistas apenas de um ponto de vista, elas nos apresentam uma faceta da realidade. Já se quisermos ter uma visão mais abrangente, precisamos ver de outros ângulos. Essa é a função principal das posições perceptuais: enriquecer nosso repertório de forma a nos tornarmos mais assertivos. Na primeira posição (eu), aprecio a situação do meu ponto de vista. Na segunda (coloco-me na posição do outro), adoto a posição da pessoa e especulo quais são seus interesses. Na terceira (observador), analiso de modo isento como se processa a interação entre a primeira e a segunda posição. Há ainda, por último, a quarta posição, que é a posição sistêmica. Essa técnica é muito útil quando se compreende que um conflito só se resolve quando o interesse dos envolvidos é atendido de alguma forma.

Sistemas representacionais: nas palavras de Goleman, "A chave para que possamos entender os sentimentos dos outros está em nossa capacidade de interpretar canais não verbais: o tom da voz, gestos, expressões faciais e outros sinais" (2012, p. 119).

É fundamental entender que cada um de nós tem um canal de comunicação preferencial na construção e na representação da realidade subjetiva: auditivo, cinestésico ou visual. Desconhecer isso é, na maioria das vezes, a causa principal de queixas, acusações e desentendimentos. Estar atento à linguagem do interlocutor permite identificar, por meio das palavras dele, o sistema que ele prefere.

Metamodelo de linguagem: esse modelo serve para esclarecer o que Wittgenstein chama de "efeitos enfeitiçadores da linguagem" (1996, p. 13), pois, segundo O'Connor, tem a função de "coletar informações, esclarecer significados, identificar limites e oferecer escolhas" (2003, p.165).

É utilizado para clarificar construções gramaticais perfeitas, mas que carregam no seu bojo uma carga grande de imprecisão de significado, o que distancia a experiência real da representação linguística motivada por generalizações, distorções e omissões que empregamos na construção da linguagem.

Comunicação não violenta (CNV)

Essa técnica é apresentada em quatro passos e baseia-se em Rosenberg (2006, p. 25).

O primeiro passo consiste em observar e relatar os fatos que presenciamos sem julgamento, apenas dizendo o que a situação nos causa. Isso evita que provoquemos uma atitude de defesa da parte do envolvido. O segundo é identificar e nomear os sentimentos que a situação observada causa. O terceiro é perceber quais necessidades precisam ser atendidas. E, por último, fazer um pedido de forma bem formulada.

Administração de conflito em quatro passos: enumeramos a seguir os itens utilizados no treinamento, com base nos ensinamentos do mestre Thich Nhat Hanh (2013, p. 97)

1. Regar flores: encontre e fale de três qualidades boas da pessoa (evita ressentimento e raiva);
2. Expresse arrependimento: por sua ação que possa ter provocado a reação da pessoa (oportunidade para desfazer mal-entendidos);

3. Expresse seus sentimentos: com fala amorosa (sem julgar, acusar ou debater);
4. Encerramento: escuta compassiva das mágoas e das dificuldades do outro (não debater no momento, mesmo que haja percepção equivocada).

O encerramento do processo é feito com uma música ou com todos de mãos dadas, respirando por alguns minutos.

Referências

BÍBLIA. Português. *Bíblia Sagrada*. Trad. Ivo Stomiolo, Euclide Martins Balancin. Edição Pastoral. S. Paulo: Paulus, 1990.

GOLEMAN, Daniel. *Inteligência Emocional*. Rio de Janeiro: Objetiva, 2012.

NHAT HANH, Thich. *Felicidade*. Petrópolis: Vozes, 2013.

O'CONNOR, Joseph. *Certificação Internacional em Coaching*. Apostila Lambent do Brasil, 2002.

__________. *Manual de programação neurolinguística – PNL*. Rio de Janeiro: Qualitymark, 2003.

__________. *Coaching com PNL*. Rio de Janeiro: Qualitymark, 2006.

__________. *Como o coaching funciona*. Rio de Janeiro: Qualitymark, 2010.

ROSEBERG, Marsal B. *Comunicação não violenta*. São Paulo: Ágora, 2006.

WITTGENSTEIN, Ludwig. *Investigações filosóficas*. São Paulo: Nova Cultural, 1996.

Site

KANT, Emmanuel. *Crítica da razão pura*. Disponível em: <www.dominiopublico.gov.br/pesquisa/DetalheObraForm.do?select_action=&co_obra=2246>. Acesso em: 12 mar. 2015.

3

PNL aplicada ao Marketing Multinível

Caminhar pela vida é como ir em busca de um grande tesouro. A maioria das pessoas caminha sem um direcionamento correto, sem um mapa. Nas próximas páginas, você descobrirá um mapa para triunfar, aplicando algumas ferramentas de PNL aos seus negócios e em sua vida

Bruno Castelão

Bruno Castelão

Fundador e CEO da Expert Coaching; Organizador do CONAEXH – Congresso Nacional de Excelência Humana; Empreendedor, Escritor, Palestrante e Pesquisador do Comportamento e Desenvolvimento Humano; Filósofo pela Universidade Católica Dom Bosco; Especialista em *Coaching* Espiritual, PNL, Marketing Digital, Marketing Multinível, *Mentoring* e Educação a Distância; *Practitioner* em PNL Sistêmica - Instituto Você; *Leader Coach* e *Practitioner* Empresarial - International Coaching Project; Analista Comportamental (*Coaching Advanced*) – International Coaching Project - Metaforum Internacional; Fundamental *Coach Skills (Life - Executive)* – ICI – International Association of Coaching-Institutes; *Coach* Sistêmico – Metaforum Internacional; Diamante pela Hinode Cosméticos.

Contatos
www.brunocastelao.com.br
www.facebook.com/bruno.castelao.oficial
brunocastelao@expertcoaching.com.br
Whatsapp: (67) 99264-0822

PNL aplicada ao Marketing Multinível

"Acertar e prosperar é um enorme risco que se corre ao agir."
(Vanessa Tacchi)

Após meu casamento, as coisas não estavam nada fáceis para nós financeiramente. Entendi que precisaria buscar informações para poder mudar a história de nossas vidas. Adquiri a coleção "Pai Rico Pai Pobre" do Robert Kyiosaki, e pude abrir minha visão para um novo mercado emergente que eu desconhecia: o "Marketing Multinível" ou "Marketing de Rede" como também é conhecido. Para complementar a renda familiar, comecei vendendo alguns produtos da área de cosméticos e perfumaria, e fui convidando alguns amigos a fazerem o mesmo. Assim, recebia uma comissão por minhas vendas e pelas vendas de meus indicados.

As coisas não decolavam como eu via na vida de grandes líderes. Um dia um amigo me falou sobre uma formação em Programação Neurolinguística. Na época, o valor era bem fora da minha realidade. Mesmo assim, apostei na ideia e fiz a minha primeira formação. Após a formação, comecei a empregar o que havia aprendido dentro do meu negócio de MMN, e para um nível onde as pessoas demoravam 1 ano para se qualificarem, pude chegar em 4 meses. O próximo nível, que demoraria em média 3 anos, cheguei nos outros 8 meses. Foi realmente extraordinário. Os resultados, a mudança de vida e os sonhos realizados. Assim, o valor que investi na formação tornou-se irrisório diante dos resultados gerados em minha vida, na vida de meus amigos e familiares.

Modelagem

A primeira ferramenta da PNL que utilizei foi a modelagem. A modelagem é um processo de observação de ações bem-sucedidas e o mapeamento das mesmas. Você pode fragmentar algum desempenho excepcional, criar um modelo desse desempenho e reproduzi-lo. Através da modelagem você deve elencar dados suficientes das ações e pensamentos por traz dos resultados exitosos, para reproduzir um idêntico estado desejado. Comecei a conversar e perguntar para todos os líderes que eu encontrava o que eles haviam feito para terem resultados. Passei a copiar e modelar todos os seus passos. Não somente as técnicas, mas suas posturas mentais diante de um fracasso ou sucesso. Assim pude errar menos e maximizar meus resultados em um curto prazo.

Fui orientado a participar de treinamentos da empresa, palestras e seminários. Aproveitei todos os meios de captar informações relevantes, e ao passo que recebia cada conteúdo, minhas crenças limitantes eram ressignificadas. Comecei a pensar de forma mais positiva e passei a ter resultados assertivos. Isso gerou em mim bons sentimentos e uma onda de harmonia. Minhas ações eram efetivas, e os resultados reforçavam as crenças fortalecedoras, aumentando ainda mais minha positividade e crença no que estava fazendo. Então o principal caminho que recomendo para quem quer chegar mais rápido e errar menos é modelar os padrões de sucesso de alguém, fazer exatamente o que as pessoas que chegaram lá fazem, copiar o modelo mental, inclusive as frases e até mesmo roupas utilizadas. Um ótimo caminho é descobrir as crenças fortalecedoras desses líderes, e criar a sua própria história com base no sucesso deles.

Ancoragem

Outra ferramenta que utilizei foi a ancoragem. A ancoragem geralmente é utilizada para mudar ou criar novas respostas diante de um estímulo. A ancoragem faz parte de nossa vida diária, sentimos um cheiro que nos remete a uma pessoa, ouvimos uma música que nos faz relembrar um momento marcante e na maioria das vezes sentir as mesmas antigas emoções. Podemos criar novas ancoragens, reforçando um estímulo que traga uma nova resposta desejada.

Sempre que eu ia para uma reunião ou apresentação de negócio procurava buscar dentro de mim o meu melhor, ouvia um treinamento para ancorar um estado positivo e buscava as experiências positivas que poderiam fortalecer, ainda mais, meu estado de presença e confiança. Comecei a ancorar meus estados de sucesso a um perfume maravilhoso, que já até ganhou premiações como o melhor do Brasil, este que carrego até hoje no carro e tenho um exemplar em casa. Cada apresentação de sucesso, cada fechamento, eu dava uma borrifada, e a cada borrifada, eu sentia o cheiro da vitória ancorada. Esse é um hábito que utilizo até hoje.

Com o tempo fui empregando outras técnicas e aprendendo a mudar meu estado mental e emocional ancorando resultados positivos a uma música ou a uma parte do meu corpo. Você também pode fazer isso, mesmo que ainda não esteja tendo bons resultados. Pense em todos os sucessos do passado, mentalize, sinta, ouça e veja cada momento em sua mente e ancore com uma música ou toque uma parte do seu corpo. Quanto mais ancorar e reforçar estados positivos, mais forte essa âncora se tornará em sua vida. Quando ouvir a música, ou a parte do seu corpo for tocada, você disparará em seu corpo todas as sensações do sucesso que obteve. Assim ficará mais fácil encarar os desafios da vida, pois sempre estará num estado elevado de poder.

Eu costumo ancorar tudo com a mão cerrada e uma música. Antes de uma palestra, preparo a mesma música para entrada e cerro os punhos antes de entrar, trazendo à memória vários sentimentos de encorajamento e poder ancorados. Quando entro, o medo, a timidez e outros sentimentos dão lugar aos meus estados fortalecedores que foram disparados pelas âncoras.

Rapport

Para os fechamentos de negócios e vendas, comecei a utilizar o *ra-*

pport para criar uma conexão com as pessoas. *Rapport* é sintonia, conexão, entendimento. Numa comunicação, a impressão é que o outro se parece com você ou pensam iguais. Quando há essa conexão, há entendimento, simpatia e confiança. Comece a observar casais apaixonados, em sintonia de movimentos e expressões. Quando não há uma combinação fisiológica, não há harmonia e entrosamento. A principal técnica que você pode começar a utilizar é o espelhamento. Observe e copie com sutileza a postura corporal, expressões, movimentos e respiração de seu interlocutor.

Eu entro em sintonia com o tom de voz, com a sua postura, com o seu modelo de linguagem e expressão corporal, espelhando cada movimento de forma bem discreta, para poder entrar no mundo da pessoa e me sintonizar com ela. Isso facilita muito a conversação, pois é como se vocês fossem iguais e uma relação de credibilidade e confiança é estabelecida mais facilmente. Isso me gerou muitos resultados e grandes amigos, pois aprendi a apreciar cada detalhe do ser humano e me tornei mais consciente do momento presente.

Principais mudanças

A principal mudança que efetuei após conhecer o mundo da Programação Neurolinguística foi alterar meus estados mentais e emocionais. Nós criamos nossa realidade, e escolhemos quais pensamentos e sentimentos queremos cultivar. Temos o poder de escolher: nos sentirmos fragilizados por um acontecimento ruim, ou transformar cada dificuldade em um degrau rumo à realização de nossos sonhos. Você escolhe ficar triste ou feliz. Escolhe permitir que alguém te ofenda, ou aprende com cada ser humano. Entende que só te atinge aquilo que você aceita. Assim, a felicidade está nas suas mãos, nas suas escolhas mentais. Se escolher agir, terá resultados. Se escolher não agir, também terá resultados, mas talvez não serão agradáveis.

Quando decidi empregar as mudanças que trariam prosperidade em minha vida, entendi que cada pessoa traz consigo um programa, ou uma programação, igual a um computador. Assim, é possível reformular arquivos ou fazer *download* de informações que elevarão seus resultados. Você pode pegar todos os passos de sucesso de alguém, alguma grande realização, trilhar o mesmo caminho, e assim, chegar ao mesmo destino, talvez até mais rápido. Criei um hábito importante na minha vida que é a leitura diária de biografias, autoajuda e vários livros sobre desenvolvimento humano, prosperidade, relacionamento e espiritualidade. Num livro você pode pegar a sabedoria de 20, 40 anos de uma pessoa, assimilar suas técnicas em horas, e assim obter grandiosos resultados empregando os ensinamentos absorvidos.

Caminhos neurais

A cada livro que lia, cada técnica absorvida, gerava na minha mente, através da visualização, como seria o resultado desejado em minha vida. Comecei assim a criar caminhos neurais que fortaleciam a minha crença e faziam todo o meu sistema agir conforme o programa de visualização que eu instalava. Assim, cultive o hábito de visualizar, imaginar a vida que você deseja ter e todo o seu sistema irá trabalhar a seu favor. Nosso sistema mental não admite erros. Assim, ele começará a criar as alternativas e impulsos para você chegar aonde deseja. Quanto mais informações positivas e relevantes você bombardear seu cérebro, mais comportamentos, valores e crenças serão ressignificados ou reforçados.

Aprendi com a PNL a investir em minha mentalidade diariamente. Investir também é zelar para que não entrem informações enfraquecedoras. Se você deixar os seus pensamentos soltos, eles poderão se aprisionar aos erros do passado e às ansiedades do futuro. Quanto mais programação positiva assimilar, mais entusiasta pela vida você será. E quanto mais positivo for, mais resultados extraordinários obterá em seu caminho. Tudo o que precisa para ter resultados extraordinários está dentro de você. Você tem hoje toda a potencialidade do mundo para ser um realizador de sonhos, impactar vidas e ser um agente de transformação na sociedade.

Uma mensagem final

Uma dica fundamental, e muito importante, em relação à sua mentalidade, é saber que você tem o controle de tudo. Quando um pensamento negativo surgir, não o alimente. Temos o poder de dar um novo sentido a ele antes que vire um grande problema. Torne-se presente saindo da inconsciência e comece a observar a sua realidade. Cultive sempre a alegria, a verdade, a integridade e mesmo sendo uma pessoa realista, esqueça o lado negativo da vida e vá assimilando das pessoas de bem cada estratégia utilizada, e as empregue em sua vida. Jamais atrele sua felicidade ao sucesso ou campo material, seja feliz no agora, cultivando a gratidão e a sua paz de espírito. Procure se conhecer e conversar consigo mesmo constantemente, seja seu melhor amigo. A principal busca que devemos fazer em nossa jornada é em nosso interior, em nosso coração, lá encontraremos todas as respostas. Temos um ego que, frequentemente, nos força a tomar decisões não tão sábias ou aprisionadoras, mas temos um mestre interno e divino, chamado consciência, que devemos despertar para obtermos a plenitude da vida e vivermos com sabedoria. Quando esse mestre interno é despertado, você compreende que pode ser, fazer e ter qualquer coisa nesse mundo, sendo um cocriador da realidade. Afinal, você é uma centelha divina. Eu desejo que o universo da Programação Neurolinguística possa também transformar a sua realidade e que você tenha uma vida feliz, saudável e próspera.

4

COACHING E PNL: resultados e sucesso pessoal e profissional

Utilizar a Programação Neurolinguística - PNL e *coaching* é potencializar a realização de seus sonhos e projetos mais importantes de forma completa, segura, rápida, profunda e maravilhosamente humana. Um processo onde a razão e emoção se unem para produzir o melhor de você a partir de você. Acredite, você pode, você merece, você consegue. Confie!

Cirlei Moreno

Cirlei Moreno

Master Coach, Coach Ericksoniana, Self Professional Coach pelo Instituto Brasileiro de Coaching – IBC, com Certificação Internacional: European Coaching Association – ECA, Global Coaching Community (GCC), International Coaching Council (ICC), International Association of Coaching Institutes (ICI), Metaforum International, PRME e Global Compact da ONU, Graduate School of Master Coaches (BCI), 2015. Master Practitioner PNL pelo Instituto VOCÊ, 2014. Mestre em Ciências por Institutos de Pesquisa/ SCT/CIP/SP. Psicóloga - Faculdades Guarulhos, 1994. Palestrante Motivacional, Empregabilidade, Habilidades em Falar em Público etc. Voluntária para questões de Amamentação, HIV. Coautora dos livros: *AMAMENTAÇÃO E HIV/AIDS: SABERES E PRÁTICAS PARA ALÉM DO MODELO HIGIENISTA. Cap.8 e Cap.10. Humanização: coaching aplicado ao desenvolvimento humano (2015); Sem limites: coaching potencializando pessoas (2016); MULHER COACH: Inteligência Feminina Aplicada ao Coaching (2016); Coaching & autorrealização: descubra como a PNL e a neurossemântica podem ajudar na conquista da autorrealização (2016).*

Contatos
www.cirleimorenocoach.com.br
cirleimorenocoach@hotmail.com
www.facebook.com/cirleimorenocoach
(11) 98901-5520

Trajetória

Potencializar nossos objetivos, realizar nossos sonhos, encarar de uma vez nossas máscaras e crenças limitantes, e de uma vez por todas, olhar nossa linha do tempo, e recolher nossas joias, alegrias, realizações, trazê-las para o presente e semeá-las no futuro é uma das maravilhosas possibilidades que a Programação Neurolinguística – PNL nos proporciona.

Formada em Psicologia desde 1994, abandonei a profissão em 2008. Crenças limitantes recebidas de uma professora durante minha formação me assolaram. Na verdade, a falta de confiança em mim fazia parte das crenças que apenas foram despertadas e que, de fato, eu trazia desde minha infância. Minha percepção de mundo era sustentada pela inércia diante de possibilidades infinitas. Palavras "mal ditas" por pessoas que eu amava, interpretadas como desamor, me paralisavam diante de meus pacientes. Eu acreditava que não tinha competência. Ao mesmo tempo, somando-se a isso, eu percebia a Psicologia voltada para a doença, para o passado.

Isso me angustiava. Deixei de lado esta conquista por 14 anos. Com o tempo, assumi cargos de coordenação e a gerência de pessoas e processos em setores públicos.

No decorrer das atividades, eu sentia que não atingia as pessoas, faltava parceria, envolvimento. Por mais que acreditasse estar fazendo o melhor para minha equipe, não sentia a reciprocidade. Passei por conflitos internos e questionamentos sobre minha liderança. A insegurança me dominava, me machucava, pois era minha ferida mortal. Precisava entender qual o tipo de gerência eu exercia e por qual motivo meus superiores viam em mim o potencial de coordenar e gerenciar pessoas, se eu mesma não tinha clareza disso. Busquei ajuda para me entender e entender tudo isso.

Aprendi que é na vulnerabilidade que encontramos nossa força. Em 2014, fiz uma imersão em mim mesma. Uma experiência intensa e marcante. Nesse treinamento são utilizadas técnicas da PNL e indução por metáforas e vivências. Passei a ter um profundo conhecimento de mim, enfrentei com coragem minha ferida mortal, no caso, a insegurança e a transformei em determinação e segurança.

Tudo mudou. Voltei para minha equipe e família melhor, centrada, amorosa, humana. Tenho muitos pontos de melhoria e, com certeza, a PNL mudou minha autoestima e minha carreira e continua a mudar. Se melhorar, melhora. Minha equipe ficou coesa, eu passei a dar tempo de qualidade, auxiliar, ouvir com essência e proporcionar momentos de relaxamento, haja vista que nosso trabalho envolvia fiscalização zoossanitária, o que é muito tenso e há cobrança por todos os lados. Minha gratidão a essa equipe maravilhosa e a anterior também, que hoje são parte da riqueza de história.

Eu já conhecia a PNL por meio de livros e de profissionais da área, apenas sem intensidade de senti-la na pele. Na verdade, com um Ego fora do normal como defesa, achava que conhecia, até sentir em mim e na minha existência seus efeitos poderosos e amorosos.

Resolvi me aprofundar e me formei em PNL na mesma instituição em que vivenciei o processo. Inicialmente fiz o *practitioner*, como o nome diz, aprendi e pratiquei as ferramentas específicas para tratar determinadas situações, depois fiz o *master practitioner* onde aprendemos a correlacionar as ferramentas e construir as nossas próprias, inserindo-as umas nas outras, de forma a obter resultados extraordinários e trabalhar processos de mudanças nos níveis evolutivos.

Pirâmide evolutiva

Trabalhando limites e oportunidades que encontramos no Ambiente, na melhoria de nossas ações e reações quando falamos de nossos Comportamentos, definindo as direções e estratégias em relação às nossas Capacidades e Habilidades, tendo motivação e permissão no que tange às nossas Crenças e Valores, reconhecendo a partir da nossa missão e sentido do eu, da nossa própria Identidade. Fazendo com que reconheçamos nosso pertencimento em relação aos nossos familiares, grupos, através de nossa Afiliação e nosso Legado, quando refletimos sobre o que queremos deixar nesta vida para a humanidade, no caso nosso propósito. Ampliando nossa visão e nossa espiritualidade. Assim acontece nossa Transcendência.

Trata-se do processo evolutivo e ressignificação. Segundo O'Connor e Seymour (1995), a respeito do campo unificado da PNL desenvolvida por Robert Dilts: "ninguém muda por partes ou segmentos, e sim organicamente". Eu estava pronta para voar, passei o tempo de larva me arrastando pelo chão, me tranquei em casulo, aprendi e transcendi para me transformar em borboleta. Só que não. Fui além. Descobri que sou águia. Um tanto solitária, um tanto professora, exigente em razão de saber que qualquer pessoa pode voar.

Após esse treinamento que é prático como o nome já diz (*practitioner*), percebi que a PNL é uma ferramenta incrível e que utilizaria para fazer a diferença na vida das pessoas. Decidi atender e possibilitar a outras pessoas tamanha experiência e vivência, ou seja, transformação e transcendência.

Com esse incrível aprendizado e vivência, sinto que passei para outra dimensão, a da transcendência do que sou. Minha Missão ficou clara e eu energizada, com força, foco e decisão. A PNL me impulsionou e eu agi. Saí do treinamento com meu planejamento definido e com foco em voltar a atender.

Apliquei diversas técnicas da PNL em pessoas conhecidas e desconhecidas, um sucesso. Todas, independentemente de credo, de nível socioeducativo ou econômico, obtiveram êxito e se impressionaram em se conhecer melhor e enxergar quanto potencial tinha para desabrochar.

As técnicas da PNL quando utilizadas são decididas pelo Programador, após identificar junto com o cliente ou *coachee* (pessoa que é atendida em *coaching*) sua necessidade para o momento.

O que é Programação Neurolinguística

Falemos um pouco mais conceitualmente sobre o que é a PNL a partir do desmembramento da palavra. A Programação se refere a como estruturamos e organizamos nossas ideias para produzir resultados, a Neuro está ligada à ideia de que nossos comportamentos são originados dos processos neurológicos e a Linguística indica que, a todo o momento, usamos linguagem verbal e não verbal para ordenar nossos pensamentos e comportamentos determinando como nos comunicamos com o mundo. Com a PNL conquistamos autodesenvolvimento e mudança.

Historicamente, ela surgiu nos Estados Unidos na década de 70 com John Grinder e Richard Bandler que a basearam em três renomados terapeutas: Milton Erickson, Virginia Satir e Fritz Pears, que tinham excelentes resultados no tratamento das mais diversas questões de saúde mental e desenvolvimento pessoal de seus clientes, o que gerou um processo de modelação de comportamento e com ele a descoberta de que podemos ser o que quisermos, basta mudarmos nossos padrões neurológicos utilizando as ferramentas da PNL com um profissional qualificado.

Com as técnicas da PNL podemos adquirir competências e sermos mais saudáveis, melhores comunicadores, bem-sucedidos e nos tornarmos seres humanos melhores (Augusto, 2013). Com a PNL, você adquirirá uma variada gama de ferramentas para o desenvolvimento de sua mente e de seu corpo. Se você conhece como sua mente funciona, você consegue modificá-la para ter melhores resultados. Mudando comportamentos e crenças que te limitam e assumindo de uma vez por todas o comando de sua vida e a flexibilidade de pensamento, o que torna possível obter mais sucesso em qualquer área de sua vida.

O melhor modo de influenciar os outros é ser o exemplo. Com a ajuda dessa ferramenta, ensinando a reeducar a sua mente, tudo se torna possível.

Coaching e PNL

Na busca de mais possibilidades, e por acreditar que as pessoas têm um poder infinito dentro de si, conheci o *coaching*.

Coaching foi um divisor de águas em minha vida, tanto profissionalmente, quanto como ser humano. Vivenciei esse processo e ainda vivencio e tenho transformado minha vida e a vida de meus *coachees* desde a primeira sessão.

Antes entendia o *coaching* como algo que apenas determinava tarefas para as pessoas e as cobrava. Muito condicionado e pouco humanizado. Meta pela meta.

Enganei-me, o *coaching* na instituição em que aprendi é, humano, maravilhoso. A chave para darmos continuidade em nosso movimento e transição, aliando o processo de *coaching* à PNL é poder a toda prova, é transição rápida, sólida e profunda.

Mudanças positivas podem acontecer em sua vida de forma constante e o universo irá conspirar. Não há monotonia, é aprendizado e transformação, ressignificação, avanço, autoconhecimento, autodesenvolvimento.

Eventos que resplandecerão para toda sua vida e para todos os seus, sejam familiares, colegas de trabalho, chefias ou equipe que você coordena. Você transformado e transformando.

Utopia? Não, fato.

Quero te fazer vários convites e se fizer sentido para você, pratique. Comece por evitar julgamentos, ressignifique e perdoe. Pratique o autoperdão e perdoe sua atitude, procure entender que você fez seu melhor naquele momento. Tente entender a intenção positiva da ação. Mesmo que essa ação possa ferir seus princípios ou crenças, acredite, teve uma razão para a pessoa que você está julgando. Perdoe e se perdoe, só depois siga em frente.

Se dê a oportunidade de se conhecer em profundidade, você está em processo de evolução, modifique seus pensamentos e torne-os positivos, alegres, repletos de esperança, de amor, de fé de que tudo sempre dá certo. Ser é sentir e florescer!

A ação o leva a resultados e o sentir o leva à compreensão de seu propósito, faça acontecer. Defina prioridades, planeje e se abra para o conhecimento e para o desenvolvimento de hábitos que lhe trarão alegria, prazer, bem-estar e realização. Pratique a gratidão, por tudo em sua vida, até pelos fatores que ora se apresentam negativos, aprenda e acredite, tudo passa, fica o aprendizado.

Seja congruente com o que você é de verdade e afaste o que não faz sentido para você. Coragem, você é especial, transforme o mundo em um lugar bom para se viver, independente do que se propaga de destruição e medo. Foque no positivo. O importante é você fazer uma reciclagem em sua vida, analise tudo a sua volta, jogue no lixo o que não servir como a raiva, a mágoa, a tristeza, recicle sentimentos, coloque cada coisa em seu lugar.

Coaching, o que é?

Coaching é um conceito amplo, uma poderosa metodologia voltada para o desenvolvimento de habilidades e competências que estão latentes dentro de cada um de nós. O *coaching* faz uso de técnicas e procedimentos de outras ciências afins, como a Neurociência, a Hipnose Ericksoniana, a Programação Neurolinguística (PNL), a Psicologia Positiva, Terapia Comportamental, entre outras, visando maximizar os resultados (Marques, 2014).

O *coaching* foi desenvolvido para análise de onde você está agora e de onde quer chegar (Telles,sd). A palavra *coaching* tem um longo percurso na história: em 1556, na Inglaterra, *coach* era um tipo grande de carruagem, assim nomeada por ser uma tradução da palavra húngara "Kocsi", por ter sido criada em Kocs, cidade da Hungria. *Coaching*, naquele momento, era apenas um passeio de carruagem. Já em 1830, ainda na Inglaterra, a palavra *coach* designava o professor particular que preparava pessoas para um concurso público. Só em 1860 é que apareceu o técnico esportivo sendo chamado de *coach*. Um século depois, nos anos 1970, um americano de San Francisco, na Califórnia, Timothy Gallwey, deu início à história que chega aos nossos dias, embora poucos falem sobre ela. Em geral, cita-se o primeiro livro escrito por ele sem explicitação do por que ser esta a origem da atividade tão utilizada hoje em dia (Pinheiro, 2012).

O *coaching* é uma das ferramentas mais aplicadas e utilizadas na busca de determinados objetivos. Apesar do subjetivismo, e da amplitude do *coaching*, podemos conceituá-lo como um processo de autoconhecimento e descoberta voltado tanto para a vida pessoal, quanto para a vida profissional, onde o *coach* (profissional em *coaching*) e o *coachee* (cliente) firmam uma parceria para a realização de metas e objetivos em curto, médio e longo prazo. Levando em consideração perspectivas de diversas ciências para aplicação de forma prática, sendo um método extremamente eficaz. Onde a busca por respostas para dúvidas do futuro, começam a ser respondidas no presente, dependendo apenas do seu esforço individual (Pinheiro, 2012).

Nos últimos anos, o *coaching* tem sido beneficiado pela conjugação de ideias oriundas de outras áreas: *coaching* sob a perspectiva humanista; a abordagem baseada em comportamento; a de aprendizagem ou desenvolvimento de adultos; *coaching* cognitivo; o modelo de psicologia positiva; o modelo de exploração de novas fronteiras; a abordagem sistêmica e a abordagem orientada a resultados (Ives, 2008).

Coaching em minha conclusão pessoal é um processo que nos convida a lidar com nossa própria história de forma diferente. É estar com o outro, sentir com o outro, nos questionar, nos exigir além do que pensamos ou sonhamos, o nosso máximo fica insuficiente. Quanto mais sabemos sobre o outro, mais queremos saber, é uma curiosidade que se difere totalmente do querer saber por saber. Tudo é questionado, tudo é instintivamente co-criado.

Em síntese, o *coaching* pode ser explicado como um processo contínuo e planejado de aperfeiçoamento e superação profissional, baseado na "aprendizagem-ação" (Rego et al., 2004:45).

Clarificando caminhos e agregando o Coaching Ericksoniano

A PNL e o *coaching* clarificam o caminho para seus objetivos e sucesso pessoal e profissional. Como exemplo, cito uma de minhas *coachees* que recebeu um convite pata falar em público, em cinco sessões ela estava pronta, mesmo não tendo experiência em palestras. Como instrumentos, utilizei o *Coaching Ericksoniano* (metáforas e indução) e a PNL somados. A primeira metáfora que utilizei foi "O pavão", nela o pavão era criticado por aparecer por seus afins, com medo abria suas plumagens quando estava só, até que pesquisadores o viram e o convenceram que a beleza dele encantava o mundo. Assim, ela associou com a própria história de vida e passou a acreditar que o que ela tinha a dizer faria sentido e diferença na vida das pessoas. Utilizamos também um exercício chamado "Estratégia Disney", onde ela pôde avaliar toda sua palestra e definir seu sonho, seu planejamento e sua execução, "Cata Joias" onde pôde colher todos os recursos do passado e trazê-los para o presente e semeá-los no futuro, tornando-a segura quanto ao sucesso de sua palestra. Também perguntas empoderadoras de auto*feedback* enquanto palestrante e a finalização do processo com o Modelo S.O.A.R., um movimento onde a pessoa elenca mentores do passado, do presente e do futuro assegurando seus recursos para a vida. Tudo com muita emoção e conexão de alma. Encerramos o processo e ela realizou a palestra com sucesso, agendou outras, realizou uma apresentação via web, ampliou sua clientela, estando mais segura com suas metas e propósito.

Empoderamento das pessoas

PNL e *coaching* são isto, empoderamento de pessoas para assumirem, de uma vez por todas, a sua beleza e recursos infinitos.

Empodere-se, sinta, ouça, e veja em você um maravilhoso ser de luz e líder imensurável, uma pessoa vencedora.

Como tudo na vida, temos de fazer escolhas. Decidi deixar a gerência reduzir a carga horária e assumir a gerência de mim mesma e a missão de ajudar o próximo. Muitas outras pessoas que passaram em processo comigo, e tenho certeza com outros colegas e amigos *coaches,* se beneficiam da junção de metodologias poderosas como essas.

Por isso, deixo aqui algumas provocações: Por quais caminhos você tem caminhado? Onde as marcas de seus pés estão fincadas? Quais são suas conquistas até este momento? Uma delas, eu te garanto, foi a aceitação da sua primeira jornada do herói, que foi a de vencer milhares de espermas e fecundar o óvulo no útero de sua mãe. Sim, acredite você é vitorioso. Depois dessa batalha pela vida, você fez parte do processo de multiplicação celular até seu nascimento. Foram nove meses de uma vida em "casulo", onde você já desenvolveu habilidades essenciais para a sua sobrevivência intrauterina até se posicionar para o movimento de início de uma nova jornada através do parto. Talvez o parto tenha sido complicado, talvez suave. Aceite que você é um ser maravilhoso e está aqui. Após seu nascimento você passou e passa por transformações em termos físicos, hormonais, intelectuais, ao que denomino setênio. Setênio é baseado na teoria criada pelo filósofo Rudolf Steiner, chamada Antroposofia. Uma linha de pensamento que compreende a necessidade do autoconhecimento para que, através disso, o indivíduo possa transcender, conhecer o outro dentro e fora de si, até a evolução e conexão com o divino que há em nós. Assim, essa teoria refere que, de sete em sete anos metaforicamente falando, sua vida requer aprendizados e o desenvolvimento de novas habilidades e comportamentos. Como em um jogo, você passa por ciclos e a cada ciclo, assim que você termina sua tarefa, novos desafios surgem. Não pretendo aqui aprofundar o assunto, entretanto acredito ser de fundamental importância conhecermos e entendermos o quanto esta teoria pode nos ajudar na compreensão de nós mesmos.

Nela podemos analisar outras subdivisões, no caso em três ciclos. De 0 a 21 anos, o autor delimita como idade ou setênios do corpo. O indivíduo começa a se perceber fora dos pais, toma conhecimento do próprio corpo através de habilidades desenvolvidas e questões hormonais que mudam o corpo e com ela nossa personalidade, pois questionaremos o que está posto e desenvolveremos nosso Eu. De 21 a 42 anos temos os setênios explicados como os da alma. Agora fazemos escolhas, podemos nos formar, escolher uma profissão, nos casarmos, sairmos da casa dos pais. É nosso movimento para o social. Também passamos por crises, muito parecidas com as vivenciadas aos 14 anos aproximadamente. Após os 42 anos de idade, começamos nos aprofundar em nossa essência, nos tornamos mais maduros, ascendemos para a espiritualidade e nos aprofundamos em quem somos verdadeiramente. Eu me encontro na maravilhosa faze desse ciclo. Sinto-me mais forte em opiniões e colaborações com o coletivo.

Em que fase de sua vida você está? Quais são os desafios a ser superados? Será que você pode ter estagnado em algum setênio? Ou pode estar em um momento de profunda consciência de si mesmo e se permitindo se redescobrir?

Ser master coach e master practitioner em PNL

Por todas essas razões eu sou *coach*, escritora, palestrante motivacional, e tenho o propósito de levar as pessoas muito acima do que sonham em sua vã filosofia. Ajudo a melhorar a comunicação consigo mesmo e com as outras pessoas.

Em nosso mapa de mundo, podemos até acreditar que estamos sendo claros. Entretanto, se não respeitarmos o mapa de mundo do outro, estaremos invadindo e isso pode bloquear a comunicação assertiva e harmoniosa. Trilhar pelos caminhos da evolução significa reconhecer que, cada um de nós, temos formas de entender o mundo do nosso jeito e o nosso jeito é sempre o melhor jeito.

Como no filme Matrix: o que você escolhe? Permanecer na ignorância de sua existência ou aceitar o convite para a maior jornada entre todas as jornadas de sua vida? O retorno para a casa. O retorno para si. O retorno para sua identidade, que talvez esteja diluída na identidade de outras tantas pessoas que permearam sua vida. Agora chegou o momento de realizar, de ser você na essência. De realizar o seu planejamento de vida, de melhorar e despertar o melhor de si em prol de deixar a sua marca. O seu legado. Ampliar conexões com outras pessoas e com o universo.

Assim aqui e agora estou e sou, e aqui agora você está e é. Com garra e a crença libertadora de que podemos tudo naquele que nos fortalece, no mais profundo amor e lógica. Através de uma força superior, para atuar em nosso propósito e missão. Este texto é mais um legado, parte de mim que ficará. Um embrião, que lutou para nascer, se fez semente, floresceu e aqui está.

Gratidão pela oportunidade!

Referências

B., Augusto. *The emotion way – O caminho da emoção: use suas crenças para conquistar seus sonhos.* 1. ed. São Paulo: Editora Pampulha, 2013. p. 7.

Coaching. Goiânia: Editora IBC, 2014. pp. 23, 25.

IVES, Y. *What is "Coaching"? An Exploration of Conflicting Paradigms.* International Journal of Evidence Based Coaching and Mentoring.

MARQUES, JR. *Coaching Positivo: Psicologia Positiva aplicada ao Mentoring,* 6(2), 2008. pp 100, 112.

O'CONNOR, J e SEYMOUR, J. *Introdução à programação Neurolinguística: Como entender e influenciar pessoas.* (tradução de Heloísa Martins-Costa). São Paulo: Summus, 1995. p. 92.

5

O poder da PNL e do coaching para uma educação de alta performance

Descubra as potencialidades da PNL e do coaching aplicado na educação. Conheça técnicas, conceitos e os pressupostos da PNL para ser mais efetivo no processo ensino-aprendizagem ou até mesmo para sua palestra e/ou comunicação

Douglas de Matteu

Douglas de Matteu

Consolida-se como um dos maiores pesquisadores do Processo de *Coaching* da atualidade. É *Trainer* em PNL e *Coaching*. Com ampla produção acadêmica, já participou em cerca 20 livros como coautor, organizou os livros: *Coaching: Aceleração de Resultados, Treinamentos Comportamentais, Master Coaches: Técnicas e Relatos de Mestres do Coaching*. Autor do Livro *"Acelere já o seu sucesso pessoal e profissional"*. Mestre na "Arte do Coaching" e Doutor em "Business Administration" Ph.D. Florida Christian University – FCU/EUA. Bacharel em Administração de Empresa, com três pós-graduações: Educação a Distância, Marketing e Gestão de Pessoas com *Coaching*. Mestre em Semiótica, Tecnologias da Informação e Educação. É credenciado como formador de *Coaches* pelo World Coaching Council (Alemanha/Brasil). Diretor Presidente do IAPerforma - Instituto de Alta Performance Humana, que atua com formação em *Coaching*, Programação Neurolinguística e Treinamentos Comportamentais. Professor universitário concursado na FATEC de Mogi das Cruzes, onde coordena o GEPLICO - Grupo e Ensino e Pesquisa em Liderança e *Coaching*. É professor da FCU/EUA, com experiência nos EUA, Brasil e Japão.

Contatos
www.iaperforma.com.br,
www.douglasmatteu.com.br
douglas@iaperforma.com.br

A PNL tem o poder de descortinar suas potencialidades mentais inconscientes para que você possa transformar potencial em potência

A Programação Neurolinguística – PNL contribui para ampliação da percepção das pessoas e consequentemente para o aumento das opções da escolha. "A PNL tem por objetivo dar às pessoas mais opções de ações" (O'Connor e Seymour, 1995, p.19), ou seja, se você só tem uma ou duas opções para os desafios da sua vida pessoal ou profissional, talvez precise repensar todo o processo.

A PNL pode ser uma grande aliada nesse processo, para O'Connor e Seymour "A Programação Neurolinguística é a arte e a ciência da Excelência" (1995, p.19), os mesmos atores ratificam sua aplicaçao para alcançarmos o melhor de nós mesmos.

De acordo com autores, a PNL estuda como alcançar a excelência. Essa excelência é cobrada no contexto profissional e pode ser produzida na Educação, utilizando-se dos referencias da PNL.

A PNL tem pressupostos (O'CONNOR, 2011) poderosos que podemos considerar no contexto da Educação:

- Se alguém pode fazer algo, outra pessoa também pode fazê-lo, isto é, considerando que somos potencialmente todos iguais, com braços, pernas, boca, olhos e cérebro podemos realizar os mesmos feitos de outrem, para tanto podemos modelar o comportamento, ou seja, conhecer como a pessoa faz o que faz, qual é a estrutura mental e comportamental utilizada. Como seria utilizar esse referencial para potencializar autoestima dos alunos e estimular os sonhos, produzir crença poderosa de capacidade e possibilidade no alunado?

- Corpo e mente formam um único sistema, ou seja, um simples pensamento pode interferir na nossa neurologia, alterando o ritmo da nossa respiração, dos batimentos cardíacos, até nos fazer rir ou chorar entre outras alterações. Da mesma maneira quando mudamos nossa fisiologia alteramos o nosso estado mental e emocional. Como seria se os alunos aprendessem que para mudar sua mente basta mudar o seu corpo e que a postura do mesmo interfere no seu estado mental e na sua capacidade de realização?
- Todo comportamento tem uma intenção positiva. É importante destacar que a intenção é positiva para quem fez, tal pressuposto pode ser desenvolvido em um trabalho em equipe, para preparar o aluno para lidar com as adversidades e desenvolvimento da empatia, capacidade tão importante no mercado de trabalho atual.
- Cada pessoa faz a melhor escolha para ela em cada momento: Jamais alguém toma uma decisão buscando o caminho errado, ou seja, sempre toma a melhor decisão que podemos dentro da nossa perspectiva de vida. Como seria se os nossos alunos diminuíssem sua autopunição, quando toma-se uma atitude com resultado diferente do esperado, promovendo um comportamento mais de aceitação e compreensão nos relacionamentos e consigo próprio?
- Jamais existem fracassos, apenas resultados: O fracasso é uma mentira, podemos entender que tivemos um resultado diferente do esperado e só retirar o aprendizado e fazer novamente. Como seria se educadores e alunos entendessem esse pressuposto e aplicassem verdadeiramente em sala de aula e na vida?

Para Anthony Robbins "Todos possuímos, um dom, a nossa centelha de gênio esperando ser despertada" (ROBBINS, 2012, p.23). Tendo como base nos fundamentos estabelecidos pensar e repensar nossa "realidade". E acreditar verdadeiramente que todos nós temos em nosso DNA, a potencialidade, a genialidade, para ser despertada e que a PNL, por meio de suas técnicas e conceitos, podermos ver o mundo sob um novo prisma reenquadrando as situações, para uma perspectiva positiva e que gere aprendizado, desenvolvimento, crescimento, evolução na nova forma ver, ouvir, sentir, e interagir com o mundo e com as pessoas e nós mesmos.

Outro dos pressupostos da PNL é que Mapa não é território (O'CONNOR, 2011). Essa referência destaca que cada indivíduo possui um mapa, e que esse mapa não representa a realidade, ou seja, nossa percepção é como um mapa, que busca demostrar de modo resumido o que é o território.

O Mapa não consegue demostrar com clareza, os detalhes, as cores, os cheiros e os sons que possam ter no ambiente real, físico e concreto; da mesma forma nos seres humanos temos uma percepção singular da "realidade", isto é, interpretamos o mundo usando o nosso mapa, que por sua vez é formado por nossas experiências de vida, a forma como interpretamos as palavras e os fatos que acontecem.

Tal pensamento está balizado também na lei da oportunidade: "Dificuldades não aparecem para obstruir, mas instruir. Em cada contratempo ou obstáculo existe a semente de um benefício ou uma oportunidade igual ou melhor" (TRACY, 2009, p.104). Conforme o autor, cada problema gera uma oportunidade, cada adversidade uma nova possibilidade de aprendizagem.

Ampliando a pesquisa sobre esse contexto, podemos destacar o clássico livro "Os 7 hábitos das Pessoas Altamente Eficazes", de Stephen R. Covey, destaca algo semelhante em sua famosa Regra de "90/10", afirma que nós possuímos o controle de apenas 10% do que acontece em nossa vida, os outros 90% se deve à forma como nós reagimos aos acontecimentos que não possuímos controle (COVEY, 2011), ou seja, o significado que damos aos fatos, à forma que interpretamos e reagimos às situações é que faz toda a diferença.

O papel do Professor

Para que a PNL possa ser aplicada no processo de ensino aprendizagem é necessário que o professor, o maestro do ensino, atue de forma efetiva com o apoio da PNL e seguindo o que a Lei de Diretrizes e Bases da Educação Nacional - LDB, Lei nº 9.394, de 20 de dezembro de 1996, sinaliza no papel dos Docentes:

> Artigo 13 - Os docentes incumbir-se-ão de:
>
> I. participar da elaboração da proposta pedagógica do estabelecimento de ensino;
>
> II. elaborar e cumprir plano de trabalho, segundo a proposta pedagógica do estabelecimento de ensino;
>
> III. zelar pela aprendizagem dos alunos;
>
> IV. estabelecer estratégias de recuperação dos alunos de menor rendimento;
>
> V. ministrar os dias letivos e horas-aula estabelecidos, além de participar integralmente dos períodos dedicados ao planejamento, à avaliação e ao desenvolvimento profissional;
>
> VI. colaborar com as atividades de articulação da escola com as famílias e a comunidade.

Conforme destacado no artigo 13, Professor deverá atender aos requisitos da LDB, porém utilizando-se da PNL e do *coaching* pode ser mais efetivo no processo de ensino-aprendizagem. Como um *coach* (profissional) que por meio de perguntas e técnicas específicas pode promover a reflexão e conscientização do alunado frente aos objetivos de vida pessoal, profissional, alinhado com os pedagógicos? Dessa maneira, podemos pensar em um professor-*coach*, que assume os referenciais da PNL e do *coaching* para potencializar a educação, como exemplo, uma característica bastante peculiar: focar sempre na solução em detrimento aos problemas.

Diante de tal abordagem, propõe uma atuação que mescla competências de um professor e de um *coach*. O que significa também que não é uma atuação pura de *coach* ou pura de professor, é a fusão de dois

1. Timothy Gallwey apud Whitmore, 2010, p.2

profissionais para criação de um terceiro o "professor-*coach*".

É fundamental ter objetividade, ou seja, ser objetivo na educação e demonstrar valor agregado no conhecimento ofertado.

Ser um professor-*coach* é envolver os alunos, coordenação e direção em projetos inovadores que transcendam os muros da instituição.

Diante de pesquisas realizadas quanto ao papel do professor e do *coach*, foi desenvolvido um comparativo entre o papel do professor universitário tradicional e do professor-*coach* para demostrar o papel de cada um, e propõe a formação de um terceiro profissional, aqui descrito como professor-*coach* conforme descrito segue:

Quadro 1 – Professor X Professor-coach

Professor	*Coach*	Professor-*coach*
Detém o conhecimento.	O *coachee* (cliente) detém o conhecimento.	Construção coletiva do saber. Integra o conhecimento do professor com o do discente.
Ensina.	"ajudá-la a aprender em vez de ensiná-la" [1].	Promove o processo ensino-aprendizado de fora para dentro e de dentro para fora.
Foco no objetivo e conteúdo da disciplina.	Foco no objetivo do *coachee*.	Desenvolve pontes entre a disciplina e objetivo dos alunos.
Orientação: cronograma das aulas alinhado com o projeto pedagógico.	Orienta seu trabalho com base no *feedback* do seu *coachee* rumo ao objetivo estabelecido. Orientado pela vida.	Articula o currículo com aplicações práticas e os objetivos dos alunos. Orientado pelo currículo e pela vida do alunado.
Desenvolve competências técnicas.	Desenvolve novos comportamentos rumo aos objetivos.	Integra mente cognitiva, emocional e intuitiva.

2. Autoavaliação orientada o aluno é estimulado a refletir sobre algumas dimensões listadas pelo professor e atribuir uma nota para seu aprendizado e se justifica. O professor lê e atribui a nota final podendo ser maior ou menor.

Foco conceitual e cognitivo.	Ajuda gerenciar as emoções e incorporar novos comportamentos.	Foco é desenvolver o alunado em múltiplas dimensões.
Professor ensina sobre sua disciplina.	*Coach* ajuda o *coachee* aprender com base em suas experiências.	O Professor busca ampliar a consciência do aluno quanto à disciplina, à vida e seus resultados.
A avaliação é conduzida pelo professor.	Avaliação dos resultados é realizada principalmente pelo *coachee.*	Avaliação multidirecional: Professor avalia o aluno, o aluno se autoavalia com orientação do Professor. Exemplo: autoavaliação orientada. [2]
Práticas pedagógicas.	*Coaching.*	Andragogia, *coaching* e demais ciências focadas no desenvolvimento humano.

O quadro 1 cria um paralelo entre o professor e o *coach* e busca propor o professor-*coach*, por meio de um novo papel. Para atuar como professor-*coach,* faz-se necessário direcionar-se além de conceitos como, por exemplo, o preceito de aumentar a consciência: "Com a expansão da consciência, eventos que parecem aleatórios, na verdade, não são: um objetivo maior está tentando se desenvolver através de você" (CHOPRA, 2012, p.12). Então com uma consciência expandida, e resultante daquela, fatos mudaram a história de vida e, principalmente, a forma de pensar, sentir e ser, deste autor.

Construção de ambiente seguro e encorajador para a educação

Para facilitar processo de ensino-aprendizagem, recomendo utilizar uma técnica utilizada em sessões de *coaching* e de PNL e que podem migrar para sala de aula, psicogeografia. De acordo com Paola Berenstein Jacques, a Psicogeografia é "estudo dos efeitos exatos do meio geográfico conscientemente planejado ou não, que agem diretamente sobre o comportamento efetivo dos indivíduos" (JACQUES, 2003. p.22). Diante do exposto, o ambiente interfere no comportamento humano. O professor-*coach* pode instalar filtros e moldar a percepção do alunado quanto ao ambiente.

Um dos principais sentimentos que permitem aos seres humanos a compartilhar experiências e arriscar-se para algo novo é o sentimento de segurança. Tenho utilizado há alguns anos esse referencial, que minha sala de aula é um ambiente seguro, o que tem tornado os alunos confiantes para externalizar dúvidas, opiniões e, principalmente, criando um clima de confiança entre as partes.

As aulas tornam-se mais participativas. Recentemente atrelei mais um sentimento: o de encorajamento. Dessa maneira, fomento a construção coletiva do saber e minimizo as armadilhas da mente que são descritas pelo Dr. Augusto Cury: Conformismo; Coitadismo; o Medo de correr riscos e o Medo de reconhecer os erros (CURY, 2010).

É importante ressaltar que se o professor cria o ambiente e tem comportamentos incongruentes, como julgamentos, ameaças constantes e punições podem literalmente minar os resultados da técnica.

Os sistemas representacionais na educação

O professor-*coach*, fazendo uso dos referenciais da PNL, acessa o alunado, estimulando os seus cinco sentidos, ou seja, o visual, o auditivo e o cinestésico que envolvem as dimensões gustativa, tato e o paladar.

Esse estímulo pode ocorrer com imagens, palavras e cinestesia.

Como exemplo, o professor quer estimular a leitura de livros veja abordagens:

- A) O professor convencional: faz um breve discurso da importância de ler livros dando ênfase a ampliar o vocabulário, às capacidades cognitivas e à argumentação.
- B) Professor-*coach*: poderia abordar da seguinte maneira: Como seria se você pudesse viajar no tempo, ver, ouvir e sentir o que aconteceu no passado e até experienciar o que pode acontecer no futuro? Como seria se você pudesse ver uma plantação de laranja bem agora na sua frente? Sentir o cheiro cítrico, tocar nas folhas, colher um fruto e ali mesmo, descascar e saborear o doce néctar da fruta? Imagine que tudo isso é possível com a leitura e muito, muito mais! Ao ler, você pode

ter novas experiências, conhecer novos lugares, aprender sobre temas do seu interesse.

Perceba que o professor convencional tem uma linha de pensar mais racional e pragmática, enquanto o professor *coach* tem capacidade de transportar o aluno para a experiência imaginária, o que torna o processo muito mais significativo.

Lembre-se que cada indivíduo tem um sistema representacional preferido e que para se comunicar com maior maestria é necessário tramitar em todos os sentidos humanos. No quadro a seguir é apresentado um conjunto de palavras usuais para cada sistema representacional.

VISUAL	AUDITIVO	CINESTÉSICO
"ver"	"ouvir"	"pegar"
"olhar"	"escutar"	"tocar"
"visão"	"som"	"sentimento"
"claro"	"ressoante"	"sólido"
"brilhante"	"alto"	"pesado"
"imagem"	"palavra"	"lidar"
"obscuro"	"barulhento"	"áspero"
"esclarecer"	"toca um sino"	"associar"
"mostrar"	"dizer"	"mover"

(DILTZ EPSTEIN, 1999)

PNL aplicada à educação: técnica ROLE

Além dos pressupostos apontados é possível utilizar técnicas para potencializar o processo de ensino aprendizagem, livro "Aprendizagem dinâmica" Robert B. Dilts e Todd A. Epstein(1999), apresentam a técnica ROLE, acrônimo que significa:

R – Sistema Representacional => Visual, Auditivo e Cinestésico.

O – Orientação => Memória X Imaginação

L – Ligação => Sensorial

E – Efeito => Resultado

Os autores sinalizam que o primeiro passo é articular o discurso considerando o "R", ou seja, o sistema representacional para acessar toda a plateia, ao utilizar estímulos que acessem o canal visual, auditivo e cinestésico.

Outra variável importante é estimular os dois hemisférios cerebrais, para tanto os exemplos devem estimular a memória e a imaginação, isto é, experiências lembradas e as construídas, acessar lembranças e/ou referências já existentes à mente do alunado e/ou estimulá-lo a criar aplicações de modo imaginativo.

A ligação descrita no modelo apresentado considera também instigar outras ligações sensoriais, relacionadas à experiência proposta no processo de ensino-aprendizagem tal como sentimento interno, imagens lembradas, palavras e outros.

Por fim "E" refere-se ao efeito, isto é, o resultado do processo realizado, em nível de pensamento, aprendizagem, ou seja, como posso aplicar esse novo conhecimento?, qual o resultado, efeito prático?.

Se o professor, ou o professor-*coach* utilizar essa técnica poderá ser mais efetivo no processo educacional.

Ensaio cognitivo e a emotização

O ensaio mental, ou ensaio cognitivo é uma técnica que estimula as potencialidades do nosso cérebro para atuar em nosso favor, quando compreendemos melhor o funcionamento do mesmo, torna-se fácil estimulá-lo. É interessante destacar que o nosso cérebro não consegue distinguir o que é real ou imaginário. Diante desse aspecto, o Ensaio Cognitivo permite ao cliente, ou no caso ao aluno, utilizar a imaginação para gerar uma experiência de aprendizado para o aluno, no que tange aos objetivos futuros, é como um treino, só que acontece mentalmente. Tal abordagem pode ser utilizada também em sala de aula.

O que acontece no mundo exterior deve ocorrer primeiramente no mundo interior, de modo que instrua seus clientes a ensaiarem mentalmente suas metas e tarefas (O´CONNOR, LAGES, 2010). Conforme o autor os clientes e/ou alunos podem ser estimulados a ensaiarem mentalmente uma nova habilidade ou o alcance de um objetivo.

O ensaio mental ativa o mesmo circuito neural

> que a atividade real. É por isso que os atletas olímpicos passam a baixa temporada repetindo seus gestos no cérebro - porque isso também conta como tempo de prática. Aumentará sua capacidade de desempenho quando o momento real chegar (GOLEMAN, 2012, p.101).

Conforme o autor, o ensaio mental é uma forma de treinamento prático, ainda que aconteça de forma mental, destaca ainda a utilização dessa estratégia por parte dos atletas.

Também descrita como memória de futuro, predefinindo uma intenção futura, repetidas vezes gera um novo padrão de pensamento e se prepara para êxito, isso facilita o alcance de nossos objetivos (ISRAEL; VANDA, 2012).

Podemos potencializar este processo emotizando, termo cunhado pelo Ph.D, Luiz Machado, que destaca que:

> ao mobilizar as emoções nas visualizações, acionamos o sistema límbico do cérebro que tem a capacidade de mobilizar o cérebro todo para autopreservação e preservação da espécie, esse poder pode ser canalizado para realização de nossos objetivos emotizando (MACHADO, 1992).

Anthony Robbins também ratifica a questão do ensaio cognitivo aliada com a emoção, "Com intensidade emocional e repetições suficientes, o sistema nervoso experimenta algo como real, mesmo que ainda não tenha ocorrido"(ROBBINS, 2012, p. 96). Com intensidade e repetição, torna-se equivalente a um passo para concretização dos seus objetivos.

Tal técnica produz novos caminhos neurológicos que aproximam o treinando, o cliente, o aluno para alcance do estado desejado.

Caso de sucesso – A prática na educação

Dra. Ivelise Fonseca de Matteu, Professora Universitária e *Professio-*

nal Coach, utilizou desse referencial para ajudar o alunado a realizar a prova de sua disciplina de Direito. O fato ocorreu em uma sala de aproximadamente 100 alunos, do primeiro ano do curso de direito. Normalmente os alunos começam a prova muito nervosos e tendem a demorar cerca de duas horas para finalizá-la.

A professora conduziu uma visualização, levando os alunos a acessarem seus recursos internos e preparando-os para a prova minutos antes dela acontecer. Como resultado 95% da turma terminou a prova em menos de 35 minutos e as notas aumentaram.

Conforme destacado no Caso de Sucesso, é possível estimular a mente humana e conduzi-la para "estados" diversos. Alguns professores tornam as aulas bem humoradas, divertidas, podendo deixar os alunos relaxados e curiosos para aprender, ou podem também deixá-los tensos, amedontrados entre outros estados. Essa indução de estados está intimamente ligada à performance do professor na condução da turma, sua postura, fala e perguntas que estimulam esse estado.

Em qual "estado" emocional você tem deixado seus alunos?

Tríade da alta performance na educação: foco, linguagem e fisiologia

Fisicamente uma estrutura tríade mostra-se extremamente poderosa, uma apoia a outra, a trindade tem base na Programação Neurolinguística, que está ligada ao contexto de comunicação, ao considerar a: linguagem, a fisiologia e o pensamento (O'CONNOR, 2011), ou seja, fazendo uma mudança em uma dessas dimensões você consequentemente impactará outras e essas vão gerar o "estado" da pessoa.

Para Anthony Robbins(2012) , que ensina a importância do Foco, da linguagem e da fisiologia e como essa tríade pode impactar em nossos resultados.

Na perspectiva PNL aplicada na educação, o foco pode ser conduzido pelo professor-*coach* que instala filtros de percepção conduzida pelo professor, por meio da sua condução na sala que vai direcionar o grupo no foco desejado.

O corpo e a mente formam um sistema único(O CONNOR, 2011), esse pressuposto da PNL destaca que o pensamento influencia a fisiologia, logo ao mudar a fisiologia mudamos o estado mental. Uma atividade válida é promover mudanças no corpo, ou seja, levantar utilizando uma dinâmica ou algo do tipo.

Porém quero dar um destaque na linguagem, pois, com frequência, percebo as pessoas utilizando um vocabulário negativo e limitante. Exemplo: Quantas vezes você já ouviu a palavra "problema" na vida? Na última semana? Quais sentimentos estão atrelados a essa palavra?

Como ficaria se substituísse pela palavra "oportunidade", "desafio" ou "adversidade"? A sensação é diferente?

A título de exemplo, proponho que os professores da área lógica, mais especificamente os de matemática, vivem enchendo os alunos de "problemas". Como fica o sentimento dos alunos frente à disciplina? Como seria se ele começasse mudando as palavras? Quer mudar seus alunos? Comece mudando você. Faz sentido? A realidade é formada em nossa mente primeiro pelas palavras e imagens que escolhemos. Mude as palavras, mude os sentimentos e faça uma interferência efetiva para potencializar sua comunicação e consequentemente suas aulas/palestras.

Neurossemântica e neurociência

O Dr. Michael Hall desenvolve um interessante estudo acerca da neurossemântica, termo criado pelo autor que em síntese atrela aspectos neurológicos e semânticos, destaca: "Liberamos nossos potenciais integrando significado e performance, através de sintetizar neurologia e semântica"(HALL. 2012, p. 100).

O autor cria uma relação entre semântica e a neurologia síntese, apoiando que o resultado das partes é maior do que a soma. Dessa maneira permite gerar estados que congreguem elevados significados e valores. "Este é o coração e a alma da Neurossemântica e de liberar potenciais - incorporar o melhor das molduras de seu Jogo Interno, de modo que você literalmente incorpore suas molduras como habilida-

3 Baseado no Conceito de Ciclo Vivencial de Aprendizagem (KOLB, 1984)

4 Estímulo nos dois hemisférios cerebrais, referenciado pela Inteligência Emocional (GOLEMAN, 2012).

5 Baseado nos pressupostos da Programação Neurolinguística (O'CONNOR, 2011).

des e competências em seu Jogo Externo" (HALL, 2012 p.101). Diante do exposto, centra-se em liberar o potencial de dentro para fora, ou seja, equacionando nossas representações internas o que vai resultar em um melhor comportamento externo.

Tal posicionamento está intimamente ligado aos significados que são atribuídos às situações e, principalmente, aos conceitos que o indivíduo tem de si mesmo.

É relevante sinalizar que é a nossa capacidade de experienciar e de construir significados que gera o poder interno, possibilita dar sentido às coisas, logo podemos criar significados fortalecedores ou significados limitantes. Que consequentemente vai afetar o nosso sistema mente-corpo que vai produzir significado à medida que processa informações de diversas maneiras e em múltiplos níveis(HALL, 2012).

Uma postura ofensiva por parte do professor em uma experiência do aluno pode gerar significado negativo internamente e gerar um trauma emocional e comportamental para o aluno. Porém uma postura socrática, alicerçada em perguntas, promovem novas experiências e podem realinhar significados. A cada erro do aluno há uma imensa possibilidade de nascer novos aprendizados.

Quando o aluno não ver, ouvir, sentir significado no que o professor estiver ensinando, provavelmente diminuirá ou cessará sua atenção. O professor-*coach* deverá se esforçar para conectar à turma, mostrando um significado para o que está sendo apresentado, considerando a realidade do aluno.

É importante destacar que nosso papel como professor é promover novos comportamentos nos alunos. Tal postura é possível e é ratificada pela neurociência: "Em sua imensa maioria os nossos comportamentos são aprendidos e não programados... "(COSENZA, GUERRA, 2011, p.34).

Logo, o professor *coach* pode estimular novos comportamentos no seu alunado. Para tanto, é recomendado desenvolver uma aula que vá além do racional e alcance o emocional. Quando as emoções são mobilizadas o resultado é efetivo, "As emoções podem facilitar a aprendizagem" (COSENZA, GUERRA, 2011, p.85)

A seguir, apresento os Pressupostos do Método de Coaching

PERFORMA aplicados na Educação que desenvolvi no meu doutorado junto à Florida Christian University - EUA

Pressupostos do Método de Coaching PERFORMA aplicados à educação

- O alunado quer se sentir seguro e encorajado em participar do processo de ensino-aprendizagem.
- Usar o Método PERFORMA: Ampliar a PERcepção, estabelecer um FOco, determinar uma Rota de ação, Mensurar os resultados e gerar Aprendizados.
- Considerar no processo ensino-aprendizado os níveis lógicos: Ambiente, Comportamento, Capacidades e Habilidades, Crenças e Valores, Identidade, Afiliação e Espiritualidade. (O'CONNOR, 2011).
- O processo de ensino-aprendizado deve ser contextualizado e ligado à realidade do alunado, sendo esse estimulado de forma visual, auditiva e cinestésica.
- Temos um potencial infinito e divino, que pode ser acessado com perguntas e pode desencadear fascinantes *insights* para acesso do potencial humano.
- A melhor forma de aprender é experienciando[3] .
- A experiência educacional quando envolvida com emoção tem maior efetividade [4].
- As palavras, o foco e a fisiologia do professor influenciam de forma poderosa no processo de ensino-aprendizagem.
- Se uma pessoa pode fazer algo, todos podem aprender a fazê-lo também.
- As pessoas já possuem todos os recursos de que necessitam basta tomarem consciência[5].
- Todo comportamento tem uma intenção positiva, para quem está realizando o comportamento[5].
- As pessoas sempre fazem a melhor escolha disponível para elas, considerando sua experiência da vida e nível de consciência [5].

- Jamais existe qualquer tipo de fracasso, existem apenas resultados e oportunidades de aprendizado constante [5].

Referências

CHOPRA, D. *O poder da consciência.* São Paulo: Leya, 2012.
COSENZA, Ramon Moreira; GUERRA, Leonor Bezerra. *Neurociência e educação: como o cérebro aprende.* Porto Alegre: Artmed, 2011.
COVEY, Stephen. *Os 7 hábitos das pessoas altamente eficazes.* Rio de Janeiro: Best-Seller, 2011.
CURY, Augusto. *O código da inteligência e a excelência emocional.* Rio de Janeiro: Thomas Nelson Brasil, 2010.
GOLEMAN, Daniel. *O cérebro e a inteligência emocional: novas perspectivas.* Rio de Janeiro: Objetiva, 2012.
HALL, L.Michael. *Liberte-se! Estratégias para autorrealização.* Rio de Janeiro: Qualitymark, 2012.
ISRAEL, Richard; HORTH. Vanda. *Chi mental: reprograme seu cérebro diariamente em apenas 8 minutos: estratégias de sucesso para sua vida pessoal e profissional,* São Paulo: DVS Editora, 2012.
KOLB, D. *Experiential learning: experience as the source of learning and development.* New Jersey: Prentice-Hall, 1984.
MACHADO, Luiz. *O Segredo da Inteligência.* Rio de Janeiro: Cidade do cérebro, 1992.
MATTEU, Douglas. *Coaching na educação: técnicas, ferramentas e a metodologia de coaching para alta performance na educação.* Florida Christian University, 2014.
MATTEU, Douglas. *Acelere o seu Sucesso Pessoal e Profissional.* São Paulo: Literare Books, 2016.
O'CONNOR, Joseph. *Introdução à Programação Neurolinguística: Como entender e influenciar as pessoas.* São Paulo:Summus, 1995.
O'CONNOR, Joseph. *Manual de programação neurolinguística: PNL: um guia prático para alcançar os resultados que você quer.* Tradução de Carlos Henrique Trieschmann. Rio de Janeiro: Qualitymark, 2011.
ROBBINS, Anthony. *Desperte o seu gigante interior.* 22 ed. Rio de Janeiro: BestSeller, 2012.
ROBBINS, Anthony. *Poder sem limites: o caminho do sucesso pessoal pela programação neurolinguística.* 14ª ed. Rio de Janeiro: BestSeller, 2012.
TRACY, B. *As leis universas do sucesso.* Rio de Janeiro: Sextante, 2009.

6

PNL: uma ferramenta sistêmica

O sucesso não está apenas na melhor aplicação, da melhor ferramenta e no momento ideal, mas sim, em todo o processo. A PNL é uma ferramenta de altíssimo nível nos que nos garante resultados espetaculares, explorando todo o nosso potencial tanto no antes, no durante e no depois. Processos internos, planejamentos, execuções e, certamente, o sucesso

Dr. Rafael Kudo

Dr. Rafael Kudo

Especialista e um dos pioneiros a desenvolver e ministrar cursos de Emagrecimento através da Programação Mental, autor do livro Emagreça pela Editora Ixtlan, Doutor em Hipnose Clínica (ESP), Doutor h.c. em Programação Neurolinguística (BRA), Doutor h.c. em Parapsicologia (BRA), Parapsicólogo, Psicopedagogo, *Trainer, Master Practitioner* em Programação Neurolinguística (USA), *Master* em *Coach & Mentoring* (BRA), *Master* em Alinhamento de Sistêmicos (BRA), Certificado Internacionalmente em Holomentoring (USA), Certificado Internacionalmente em *Coach & Mentoring* pelo ICT (USA), *Trigger Points*, Myofascial Terapy and Propceptive Training Professional (USA), Psicoterapeuta há mais de 10 anos através da PNL, Hipnose, e Regressão de Memória (CRTH-BR 0525). Há mais de 16 anos na área de Desenvolvimento Humano, já formou mais de 35 mil pessoas através de seus cursos, palestras e treinamentos.

Contatos
http://www.aexcelencia.com.br
contato@aexcelencia.com.br
(43) 3028-9698 / 0800 400 9698
(43) 99172-0681

Há muito o que se dizer a respeito da PNL: técnicas, ferramentas, abordagens, áreas de atuação, resultados, perspectivas, planejamentos, aplicabilidade, *cases*, testemunhos de sucesso, e muito mais. Dentre tudo o que leu e encontrou a respeito da PNL, você deve ter encontrado alternativas e possibilidades de utilização da PNL de inúmeras maneiras, como por exemplo, a PNL na criação de filhos, PNL para sua motivação pessoal, PNL no treinamento e desenvolvimento de pessoas, PNL para emagrecer, PNL para aumentar o seu magnetismo pessoal, PNL como ferramentas para a Psicoterapia, PNL para cura de traumas, medos e fobias, PNL para sua autoestima e valorização pessoal, como potencializar seus resultados profissionais com a PNL, PNL em vendas e negociação, desenvolvimento de líderes com a PNL, etc. Da mesma maneira com que nos oferece uma infinidade de possibilidades de sucesso, tanto em nossas vidas pessoais quanto profissionais, também há uma enorme gama de assuntos e direcionamentos que podemos dar quando o assunto é ela mesma, a PNL. Neste livro, certamente você encontrará muitos dos temas que citei logo acima, é claro, todos com excelentíssima qualidade, muito esclarecedora e com grande valia para o seu conhecimento e aprimoramento acerca deste assunto. Porém, neste momento, o convido a deixar de lado todas as informações técnicas, terminologias, nomes e estratégias que deva ter lido até agora, para focarmos em uma única coisa: VOCÊ.

Neste momento, meu convite a você é o de buscarmos uma vivência simples e prática do que é a PNL e o que esta fantástica ferramenta de Desenvolvimento Humano pode fazer por você e todas as áreas e pessoas do seu universo, sejam elas partes essenciais e diretamente ligadas a você, ou aquelas pessoas que apenas vivem no mesmo meio que o seu (trabalho, bairro, cidade, ciclo social, etc.). Para isso, vamos nos aprofundar nesta abordagem analisando passo a passo a seguinte metáfora:

"Era uma vez um jovem pintor que há muitos anos tentava exaustivamente retratar de maneira muito realística o brilho e a magnitude da noite. Todas as noites, ele observava atentamente o céu, o brilho das estrelas e o luar, e corria para seu ateliê para reproduzir tão bela imagem. Sempre da mesma maneira e todos os dias, através da janela do ateliê, mantinha seus olhos fixos e atentos à paisagem e pintava aquela linda imagem. Porém, vivia insatisfeito e muito frustrado, pois por mais que observasse o ambiente e por mais detalhes que buscasse imprimir naquele quadro, notava que as cores jamais saíam iguais ao ambiente natural. Todos os dias a mesma rotina, as mesmas pinceladas, a mesma estafante tentativa, o mesmo resultado e as mesmas frustrações. Por mais frustrado que ficasse, o seu desejo de retratar aquela linda imagem era muito maior que o sentimento de fracasso, e por isso, mais uma vez, e mais uma vez, e outra vez, e assim, todos os dias ele mantinha a sua rotina. Passando por ali, um senhor muito simples e já de muita idade, ficou a observar aquele jovem pintor em sua rotina e em sua notável frustração. Foram dias e dias de observação. Com muita gentileza e sabedoria, depois de muito observar aquele jovem pintor, aquele senhor decidiu falar com o jovem:

- Meu filho, por favor, me responda uma coisa... por que ainda insiste em pintar este quadro, o mesmo quadro, sendo que o observo há tempos e vejo que sempre tens obtido os mesmos resultados e tens sofrido muito com esta sua frustração? Por que ainda permanece com a mesma rotina se já sabe o que terá de resultado? O que o mantém tão empenhado nesta empreitada tão exaustiva e sofrida meu jovem?

E o jovem respondeu prontamente:

- Eu continuo e não desistirei, pois eu sei que eu consigo, afinal de contas, todas as minhas pinturas, as que faço durante o dia, saem perfeitas e realistas como imaginei desde o início. Apenas esta, por algum motivo que não entendi o porquê, não tenho conseguido retratar da maneira realista que tanto quero e sei que consigo. Já disse pra todos e pra mim mesmo, não vou desistir, vou continuar e sei que vou conseguir! Continuarei fazendo, refazendo, repetindo até conseguir!

Vendo o entusiasmo e a persistência daquele jovem, o senhor gentilmente se ofereceu para ajudá-lo. Mesmo um pouco resistente, o jovem pintor aceitou a ajuda do senhor, afinal de contas, não havia como ficar pior do que já estava e diante daquele cenário, esta parecia ser a melhor opção para o momento. Com o acordo selado entre os dois, o senhor passou mais alguns dias observando aquele jovem, uns dias analisando e acompanhando sua execução de longe, de fora do ateliê, mais próximo, de dentro do ateliê e até como auxiliar daquele jovem pintor. Naqueles dias de observação, como já de costume, repetindo sua rotina, o jovem pintou os seus quadros com o mesmo entusiasmo e desejo de sempre, mas quando comparados com o ambiente externo, mais uma vez, se frustrava por não conseguir reproduzir de maneira realista aquela imagem como tanto desejava. Depois de muitos dias de observação e análise, antes de tentar reproduzir aquela imagem novamente, antes mesmo de começar a observar a paisagem, o senhor chamou o jovem pintor e pediu para que desta vez, ele ficasse o dobro de tempo observando o ambiente externo, sentisse e explorasse um pouco mais tudo o que compunha e fazia parte daquele cenário. Pediu que observasse a riqueza de informações existentes naquele ambiente: o brilho e a intensidade das cores, as formas e os ângulos, as texturas e a sutileza dos contrastes, pediu também, que notasse os sons, os cheiros, as sensações e as emoções que brotavam dentro dele ao observar aquela imagem, e porque não, os gostos que seu paladar conseguisse reproduzir, e somente depois disso, entrasse em seu ateliê para iniciar a pintura. Por ser uma tarefa simples, o jovem pintor aceitou o conselho e ali ficou pelo dobro do tempo apenas contemplando, observando e sentindo todo o ambiente. Quando entrou, antes mesmo de iniciar a pintura, o senhor pediu para o jovem pintor iniciasse a sua pintura com os seus olhos fechados. Pediu também, que levasse o seu cavalete mais próximo da janela para que sentisse a brisa e o ambiente externo que havia observado com tanta intensidade. Ao escutar isso, o jovem pintor ficou muito relutante, afinal de contas, se já estava difícil pintar observando a paisagem pela janela, imagine de olhos fechados... e mais, próximo a janela ele não teria o mesmo ângulo de visão da paisagem que queria retratar. O jovem chegou a questionar o senhor, dizendo que assim seria loucura e muito mais difícil. Porém, de uma maneira mansa e segura, o senhor voltou a pedir alegando ser apenas uma tentativa, uma vez que já havia passado tantos anos com o mesmo resultado e valeria tentar de uma maneira diferente desta vez. Disse ainda, que se não obtiverem resultado algum nesta única tentativa, que poderia continuar realizando sua rotina como sempre fazia. Ele precisava apenas de uma única tentativa. Assim, com este argumento, mesmo que confuso e contrariado, o jovem aceita a orientação do senhor, muda a posição de seu cavalete e sem hesitar inicia a sua pintura de olhos fechados. Foram pinceladas e mais pinceladas sem abrir os olhos. Aqueles pincéis passeavam pela tela em uma velocidade imensa. Era como um maestro regendo uma sinfonia. Movimentos ágeis, firmes e precisos, mas ao mesmo tempo, leves e coordenados. Naquele dia, o jovem pintor finalizou sua tela sem abrir os seus olhos para observar o ambiente externo sequer uma única vez. Assim que terminou, saiu às pressas com o seu quadro em mãos para comparar as cores com a paisagem externa, e para a sua surpresa, enfim, depois de muitos anos, inúmeras tentativas e frustrações, o seu tão esperado e sonhado quadro estava em suas mãos!"

Diante dessa simples história, é possível entender e ver a PNL presente em cada passo. Mas, na sua opinião, para que o jovem pintor alcançasse o seu grande objetivo, qual foi o passo mais importante que ele precisou dar? Qual foi a estratégia ou a ação essencial para que ele conseguisse finalizar o seu quadro com excelência e da maneira que ele tanto queria?

Talvez a sua resposta seja a força de vontade e o desejo de alcançar o objetivo e jamais desistir dele. Ou talvez sua resposta seja a persistência do jovem pintor em continuar tentando dia após dia mesmo que durante todo esse processo ele tenha acumulado diversas frustrações e dificuldades. Ou ainda a modelagem realizada pelo senhor e a construção de uma nova estratégia oferecida ao jovem pintor. Também você poderia falar que foi a atitude do jovem pintor em sair de sua zona de conforto e aceitar o comando e a estratégia do senhor para o alcance de seu objetivo. Enfim, se ficarmos pensando e analisando a metáfora, certamente encontraremos muitas possibilidades e de todas que citamos e muitas outras, sem sombra de dúvidas, podemos afirmar que todas estarão corretas, afinal, diante do fato narrado nessa metáfora, todos os passos foram importantes para o alcance do objetivo, pois já era mais do que provado que se o jovem pintor permanecesse com as mesmas atitudes, muito provavelmente teria os mesmos resultados.

Mas há algo talvez mais importante, que muitos, no anseio de criarem suas metas e estratégias para o sucesso, deixam passar em branco e acabam não pautando ou colocando em seu devido lugar e grau de importância. Algo tão essencial e necessário que por mais perfeito e funcional que seja a programação ou a estratégia elaborada, se este algo não for levado em consideração, não conseguirá alcançar qualquer objetivo que seja. E mais, mesmo que consiga chegar lá, talvez não gozará de maneira plena e intensa do sentimento de realização e de conquista, colocando em cheque por vezes, se era exatamente aquilo que gostaria de ter feito ou conquistado.

Voltando a nossa metáfora, este "algo" importante aconteceu antes ainda de o jovem pintor executar a nova estratégia de sucesso proposta pelo senhor. Este "algo" tão importante e necessário é, nada mais nada menos, que o encontro, a comunicação e a negociação do pintor com ele mesmo.

Muitos, quando analisam um comportamento, logo se voltam para o processo mecânico ou os resultados obtidos. Pensam nas estratégias que utilizarão, na sua forma de atuação, como proceder, o que fazer, quando e de onde atuarão. Preparam-se para a ação e a execução propriamente dita dos comportamentos que os conduzirão ao resultado almejado. Porém, todo e qualquer comportamento e pensamento, antes mesmo de serem exteriorizados ou executados, precisam passar por um crivo interno e, caso esta ação, pensamento ou comportamento não seja aprovado ou haja dificuldades de uma tomada de decisão imediata (confusão, limitação de informações ou falta de compreensão), simplesmente nada, absolutamente nada, acontece. É como se dentro de nossas mentes houvesse vários juízes que aprovam, desaprovam ou optam por procrastinar uma tomada de decisão, um pensamento ou um comportamento.

De volta à história, nosso jovem pintor passou por um processo interno muito complexo e importante, processo este que mudaria todo o processo, execução e, consequentemente, o resultado, afinal, somente após a aprovação desse comportamento é que foi possível que todo o resto pudesse acontecer e, consequentemente, alcançar o objetivo. Antes de qualquer ação, comportamento ou estratégia que o conduzisse ao sucesso ou ao seu objetivo concretizado, ele precisou lidar com seus paradigmas e suas crenças, tendo que se abrir a uma nova possibilidade ou a um novo procedimento sem qualquer garantia de sucesso, mais que isso, enfrentar e lidar com todo o seu histórico de fracassos e dificuldades. Uma vez vencido o medo de arriscar e tentar uma nova possibilidade, ele precisou adequar a nova estratégia aos recursos, às suas competências e às habilidades que possuía. Este processo, muitas vezes, é um dos mais difíceis, pois é neste momento em que tentamos usar uma nova estratégia ou uma nova técnica que nos foi apresentada, ou que aprendemos há poucos ou aquelas que queremos testar sua eficácia e funcionalidade, e nos deparando com a possibilidade de ineficácia de nossa atuação, tanto por despreparo, desconhecimento, falta de treino ou, apenas, por ainda não estarmos familiarizados com a nova realidade. Por fim, passamos a aplicação e execução propriamente dita. Neste momento, lidamos com as dificuldades, as imperfeições, as necessidades, as possíveis e necessárias adequações e flexibilizações etc. Neste processo final devemos também lidar com as conquistas e com os passos concretos rumo ao sucesso. Para algumas pessoas, lidar com os resultados não satisfatórios, é sinônimo de fracasso e desistência, e não o de aprendizado e possibilidades de mudanças. Neste momento, muitos desistem e finalizam suas atuações se contentando ou se lamentando do sucesso não obtido. Já outros, acolhem seus fracassos e mantém os mesmos procedimentos e estratégias crendo na mudança do ambiente ou na adequação do meio em relação à sua atuação. Alguns, no entanto, podem sim aprender com os fracassos e insucessos, e se flexibilizarem de acordo com a necessidade em busca de seu sucesso.

Enfim, diante de tudo o que analisamos e pensamos, é possível chegarmos à conclusão de que tão importante quando a aplicação, o *feedback* e a adequação para a busca e conquista de nossos objetivos e resultados, é também o processo interno que ocorre antes da execução, ou seja, toda a comunicação interna que ocorre em nós mesmos, analisando, ponderando e superando nossas antigas ideias, preconceitos, crenças e limitações. Quando este processo não se encontra devidamente alinhado e coerente é possível que todo o processo seguinte jamais saia da mesa de planejamentos ou então caia em um processo de "*looping*" de fracassos e resultados ineficazes assim como o nosso personagem principal de nossa história - o jovem pintor.

E é exatamente aqui em que a PNL se mostra como uma das mais fantásticas e eficazes estratégias de sucesso, pois muito além de disponibilizar tantas ferramentas e técnicas de alcance de resultados e alta performance, que conhecemos e que usamos em nosso dia a dia para alcançarmos os nossos objetivos, a PNL ainda nos oferece alternativas e possibilidades para que todo e qualquer plano de ação, antes mesmo de ele ser colocado em prática, seja testado, analisado e alinhado de maneira sistêmica. Logo, todo este planejamento nos garantirá o sucesso pleno na execução do mesmo, por consequência. Crenças, valores, conceitos, anseios, sonhos, desejos, nossas habilidades e competências atuais e as que desejamos possuir ou desenvolver, nossa identidade e muitas outras questões serão, então, levadas em consideração e alinhadas de maneira que nos garantam a melhor e mais eficaz aplicação e desenvolvimento.

Desta maneira, podemos perceber que a PNL não é apenas uma ferramenta de aplicação, ou seja, algo que usamos para alcançar os nossos objetivos e potencializar nossos resultados no momento de sua aplicação, mas muito mais que isso, a PNL proporciona uma mudança e uma transformação profunda que acontecerá de maneira sistêmica, não apenas no sentido de abranger toda a sua vida e o meio em que está inserido, mas também, na questão temporal iniciando-se no antes, no durante e no depois.

No antes, atuando na essência, na identidade, nas crenças e em todos os processos íntimos e internos do indivíduo. Conforme falamos anteriormente, é aquele momento em que precisamos analisar e ponderar cada comportamento e atitude e confrontar nossas crenças, limitações, valores, princípios, motivação etc. No durante, com a escolha da melhor estratégia, refinamento de comportamentos, técnicas, atitudes, açoes, ou seja, o que e como fazemos ou atuamos em busca do objetivo proposto. E no depois, nos *feedbacks*, adequações, motivações, readequações e conquistas dos resultados obtidos.

Ao reconhecermos a importância e a abrangência sistêmica da PNL em nossas vidas, certamente passamos a acumular maiores e melhores resultados, ainda mais, nos permitimos novas possibilidades e alternativas de sucesso, flexibilizando nossas ações, comportamentos e nossas crenças.

E quanto à história? O que fez com que o jovem pintor conseguisse finalmente realizar seu objetivo apenas com uma pequena mudança de comportamento? O que acontecia com o jovem pintor que antes das instruções do senhor não conseguia terminar o seu quadro da maneira que queria? Enfim, para encontrar essas e outras respostas, vamos ao encerramento de nossa história:

Assim que o jovem pintor constatou que finalmente sua pintura havia ficado exatamente como queria desde a primeira vez, ele foi às pressas questionar o senhor a respeito do que havia acontecido. E o senhor, sabiamente, respondeu ao jovem pintor:

- Meu filho, a solução da sua questão estava dentro de você o tempo todo. Quando pedi para ficar um pouco mais analisando a paisagem e absorvesse o máximo que pudesse daquele cenário, era para que aquilo que queria retratar, se fizesse verdade em sua mente e tivesse outras referências que não fosse apenas a sua visão... uma maneira sistêmica de interagir com aquela imagem e utilizar todos os seus canais de recepção e contato com o meio... quando pedi que iniciasse a pintura de olhos fechados, era apenas para que visualizasse sua pintura de acordo com o todo (imagens, sons e sensações) que já havia guardado em sua mente desde a primeira vez que avistou aquela paisagem, e que agora, certamente estavam mais completas e vivas em sua mente... quando pedi que colocasse o cavalete próximo à janela, era apenas para que o som e a brisa que vinham de fora o ajudassem a reconstruir de maneira realística e verdadeira aquele universo novamente em sua mente... afinal, toda vez que entrava para dentro de seu ateliê para pintar, a luz que havia aqui dentro fazia com que as cores de sua palheta não ficassem idênticas às que estavam do lado de fora e em sua mente. Os sons e as sensações que compunham aquele universo e aquela paisagem não estavam presentes no momento em que as retratava. Algo simples, pois apenas o coloquei novamente em contato com o que havia dentro de você mesmo e permiti que parasse para ouvir a si mesmo na hora de pintar. O momento mágico em que você se reencontrou e se permitiu a explorar tudo o que estava aí dentro. E eis o brilhante resultado...

7

Como a PNL pode ajudar nossa saúde

Cada um de nós tem uma interpretação da realidade em conformidade com os modelos mentais construídos ao longo da vida. A Programação Neurolinguística possibilita a expansão e o conhecimento de novos modelos, e amplia os nossos horizontes porque baseia suas técnicas no estudo do funcionamento da mente. Conhecer esta metodologia é aprender como viver melhor

Keith Bacellar

Keith Bacellar

Master Coach Trainer, Master em PNL Sistêmica, Hipnoterapeuta, Diretora-Presidente da LLibertat Coaching, empresa focada em desenvolvimento humano e formação para equilíbrio físico e mental. Graduada em Medicina com Pós-Graduação em Cirurgia do Aparelho Digestivo e Medicina do Trabalho, com MBA em Gestão Empresarial. Consultora, Palestrante, Analista Comportamental, certificada em *Coaching*, Hipnose Ericksoniana, *Focusing Oriented Therapy* e treinada em renomadas instituições nacionais e internacionais: PAHC - Sociedade Brasileira de Programação em Autoconhecimento e Comunicação, ECA - European Coaching Association (Alemanha/ Suíça), GCC - Global Coaching Community (Alemanha), ICI - International IAC - International Association of Coaching, BCI - Behavioral Coaching Institute, IBC Coaching, Metaforum Internacional, ACT Institute - Accredited Certified Training. Experiência de mais de 28 anos no mercado corporativo da saúde, desenvolvida em conceituadas empresas da rede pública e privada com ampla experiência em Gestão Integrada da Saúde, Gestão de Riscos na Saúde Ocupacional e Assistencial, Consultoria Médica, Auditoria e Regulação Médica, Planejamento Organizacional, Gerenciamento de Custos Médicos, Programas Preventivos, Qualidade de Vida e Bem-Estar.

Contatos
www.llibertat.com.br
keith@llibertat.com.br / contato@llibertat.com.br

O modo como entendemos e enfrentamos os desafios da vida e convivemos com o que denominamos de realidade impacta diretamente na saúde. O corpo humano é um complexo de sistemas e órgãos que se comunicam ininterruptamente por meio de fluidos, hormônios, trocas gasosas, elementos químicos e elétricos. Nada passa despercebido neste microcosmo. Nosso corpo reage a estímulos internos e externos que dependem, entre outros fatores, do controle de emoções e sentimentos. Logo, o que pensamos e como trabalhamos nossa mente é muito importante. Cada estado emocional, positivo ou negativo, resulta em uma ação.

"Corpo e mente são partes do mesmo sistema."

Em minha jornada por novas formas de pensamento, conheci a PNL como uma metodologia que considera que nossos sentidos captam informações que são transmitidas para a mente consciente e inconsciente, e, com base em novos aprendizados ou em experiências passadas, pode nos conduzir à construção de conceitos. O modelo que se apresenta é então comparado e/ou catalogado em algo bom ou ruim, certo ou errado. Ao julgarmos o que nos acontece como ruim ou errado, emoções como medo, raiva ou tristeza são disparadas e pensamentos negativos surgem criando sensações de mal-estar, angústia e dor que repercutem no corpo físico. Surge daí o primeiro desequilíbrio: a desarmonia das percepções do que chamamos de realidade.

Para a Medicina Tradicional Chinesa (MTC), o ser humano é uma réplica da natureza. Como um sistema natural que faz parte do universo e possui ciclos de mudança e transformação, podemos detectar a união mente-corpo funcionando. Esta unidade psicológica e fisiológica busca movimentos harmoniosos, cujo foco principal é manter o equilíbrio e a vitalidade. Não há, portanto, uma doença propriamente dita e sim uma desarmonia resultante desse desequilíbrio.

Na composição deste microcosmo, a energia *Qi*, com as polaridades Yin e Yang, deve fluir para que sejam obtidos a plenitude e o equilíbrio dos fatores responsáveis pela vitalidade, ou seja, para que haja saúde em toda sua integralidade. Na Teoria dos Cinco Elementos, encontramos a relação de órgãos e vísceras do corpo com emoções, estações do ano, fases da vida, cores e sabores, entre outras características, nas quais há um ciclo de produção, dominação, agressão e contradominação.

Cinco Elementos	Madeira	Fogo	Terra	Metal	Água
5 Órgãos ZANG	Fígado	Coração	Baço	Pulmão	Rins
5 Órgãos	Vesícula-Biliar	Intestino Delgado	Estômago	Intestino Grosso	Bexiga
Emoções	Raiva	Prazer	Pensamentos	Tristeza	Medo
Cores	Verde	Vermelho	Amarelo	Branco	Preto

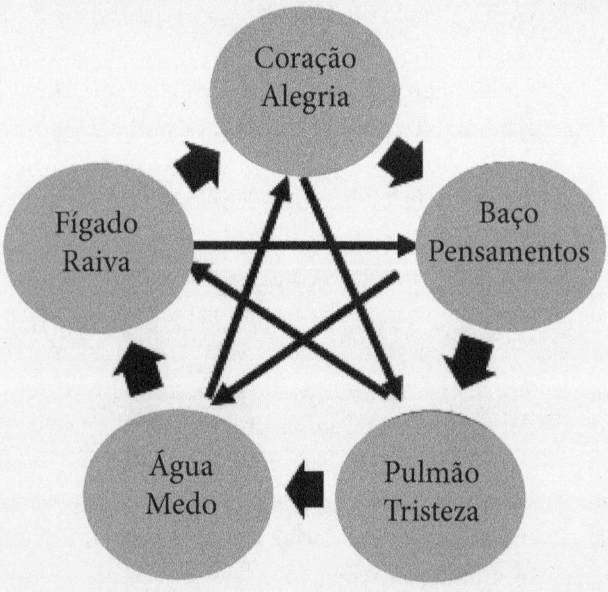

Na PNL, aprendemos como ocorre o funcionamento da mente e como nossos pensamentos e emoções criam a realidade. O que aconteceu, como aconteceu e o resultado passam a ser um elemento de reflexão nesta metodologia, que proporciona visitar situações de conflito interno e trabalhar sobre elas de forma consciente e com mais recursos.

Entendendo que um dos elementos chaves da PNL é uma melhor comunicação, ao dirigir para cada célula do nosso corpo mensagens positivas de harmonia, equilíbrio, bem-estar emitidas por esta central magnífica que é a mente humana, trazemos para nosso corpo uma dimensão ampliada da vida. Ao revisitar situações que tememos, e percebermos que possuímos os recursos necessários para enfrentá-las, pois estão a nossa disposição para utilizá-los, transformamos o impacto de fatos considerados ruins em excelentes oportunidades de crescimento.

Tanto na MTC quanto na medicina ocidental podemos perceber o impacto dessas energias no corpo humano. O excesso de qualquer emoção negativa e a não percepção de que o que nos ocorre é uma oportunidade de aprendizado pode adoecer lenta e progressivamente o ser humano. Acolher um fato percebido como ruim e transformá-lo em um desafio que é plausível de ser superado é plenamente possível através do emprego das técnicas extraordinárias da PNL. As emoções de raiva por não ter, ou não conseguir, ou sentir-se injustiçado, a tristeza pelas perdas materiais ou emocionais, o medo de não alcançar seus objetivos, o medo das ameaças que possam surgir, e o excesso de pensamentos negativos tão comuns nos dias atuais passam a ser notados como o que são: situações passageiras em uma jornada da vida de cada um.

Considerando que o primeiro relacionamento humano se inicia entre nós mesmos, ou seja, o Eu que expomos (Aberto) e o Eu que guardamos em nós (Secreto), torna-se claro que ao conduzir o indivíduo a uma nova realidade e a outras possibilidades de interpretação, a PNL impacta na mente e consequentemente na saúde do ser humano.

A comunicação é um processo que começa com uma mensagem emitida por um agente denominado "emissor", que através de uma conexão ente ambas as partes, feita com símbolos verbais e corporais, é transmitida para um "receptor", que passa a decodificar e interpretar a mensagem. Dependendo do que é entendido e interpretado no mapa mental de cada um, surge ou não uma relação fluida ou truncada entre ambos. "É impossível NÃO se comunicar."

Para uma conexão efetiva e eficaz, é importante lançarmos mão, mais uma vez, de elementos reforçados pela PNL: estar centrado, aberto, atento e acolhedor para o que se é proposto, e principalmente viver no presente com atenção plena. Mais do que empatia, compreender o outro é permitir que ele seja quem é.

"Mapa não é o território." Mapas mentais são formados como resultado de experiências que vivemos e de como interpretamos ou absorvemos a realidade. A construção do comportamento ocorre em decorrência de experiências, tanto nossas quanto de outras pessoas. Pais, professores, irmãos e amigos influenciam nossos mapas. Tudo que vemos, ouvimos e sentimos influencia nossa percepção do mundo. A internet, como meio de comunicação, faz com que a forma como as novas gerações atuem na construção de modelos "idealizados" seja diferente das demais, pois além daqueles que estão no nosso ambiente físico ou próximo, passamos a ter acesso a experiências de outras pessoas. O modo de aprender a interpretar a realidade mudou.

Viver é mudar, e os pressupostos da Programação Neurolinguística nos possibilitam ter escolhas para efetuar as mudanças. Ao identificar um estímulo, nossa mente procura em seus arquivos fatos semelhantes e, ao trazer a emoção vivida naquela situação, passa a reagir da mesma forma, ou seja, a programação acontece sem que tenhamos, muitas vezes, controle de nossos atos de forma consciente. Conhecendo como funciona a mente podemos ter outras ações e novos resultados por podermos reprogramar nosso cérebro.

Nosso cérebro é bombardeado com milhares de informações a todo momento, e ainda que seja capaz de armazenar algo em torno de 4,7 milhões de livros ou 670 milhões de páginas de internet, nosso cérebro direciona o que é importante captar. A mente reativa não escolhe, apenas reage ao que conhece, enquanto que com uma consciência de que há outras possibilidades, passa a agir e conduzir na direção desejada.

E como captamos a realidade? O primeiro passo deste registro ocorre primeiro por meio do corpo físico, deixando o sistema nervoso a postos e atuando a todo momento. É através dos cinco sentidos – visão, audição, tato, olfato e paladar – que a informação da realidade externa chega ao corpo. O segundo passo depende de um sistema de filtros, que generaliza, distorce e deleta informações na dependência das nossas crenças, linguagem, decisões, valores, memórias e metaprogramas. Comunicar-se é um atributo essencial do indivíduo tanto consigo mesmo, através do diálogo interno, quanto com os outros. O modelo de comunicação da PNL considera a mente como um agente fundamental para entendimento da percepção de cada indivíduo com seu mundo porque permite avaliar os comportamentos que se manifestam dessa interação. Dessa forma, pode-se entender o poder que essa metodologia proporciona.

Observamos o conceito da generalização quando nosso cérebro permite atravessarmos a rua no sinal verde, pois este é um símbolo visual que indica que podemos ir adiante. Ou ainda, quando em uma conversa falamos a palavra árvore e esquecemos que este vegetal, de tronco lenhoso que sai a certa altura do solo, pode ser desde um bonsai até uma sequoia-gigante. De forma semelhante, temos um comportamento simpático com pessoas que são parecidas com quem temos em alta consideração, independentemente de ainda não as conhecermos de fato. A mente não escolhe o que quer generalizar.

A deleção de elementos ocorre em um ambiente no qual há uma quantidade infinita de variáveis de cores, formas e objetos, que para serem descritos exigiriam um tempo muito maior, e optamos por dizer que no nosso escritório, cuja parede é branca, há uma mesa, uma cadeira, estante e um computador. Da mesma forma, ao expormos nossos sentimentos e emoções sem revelar o motivo de nossa angústia, dizemos: "Estou chateado". Omitimos o porquê, com quem ou o que nos chateou.

Distorcemos a realidade quando interpretamos o comportamento de um colega no trabalho que, cansado por ter passado a noite acordado cuidando do filho, chegou com "cara de poucos amigos", e o rotulamos de mal-educado porque não respondeu ao nosso bom-dia. Nossa mente julga tudo durante todo o tempo, comparando o que vemos, ouvimos e sentimos com o que é apresentado para nós. Julgamos porque comparamos com o "padrão" que temos daquela informação. Ao aprendermos a não julgar percebemos outras possibilidades.

Podemos mudar com o tempo, com a dor e com o amor. Deixar crenças que não nos servem. Independentemente do motivo, para alcançar este processo são necessários o autoconhecimento e a observação contínua de si mesmo. Saber quem se é e como ocorreu a instalação de uma crença são a chave para ressignificar e se transformar no novo.

"As coisas não mudam; nós mudamos." – Henry David Thoreau

Aprender a desaprender é uma arte. Ciclos se abrem e se fecham a todo minuto. Aprender como programar a mente é ter a vida nas próprias mãos. Desenvolver uma nova programação na percepção que temos do mundo é ser totalmente responsável e comprometido com seus atos. Ampliar o mapa mental é se disponibilizar para um novo aprendizado. Aprender a viver é experimentar e entender que cada comportamento que temos possui em si a condição intrínseca de ter sido o melhor para aquele momento.

O conceito do testar é diferente de errar ou fracassar, simplesmente porque os objetivos ainda não foram atingidos. Significa que, se hoje você faz alguma coisa com muita facilidade, precisou de muitas tentativas e erros para chegar a isso. Thomas Edison não acendeu a lâmpada no primeiro dia, nem Einstein escreveu a teoria da relatividade de imediato. Cada sucesso tem por trás de si uma história de experimentos. "Não existe fracasso, somente *feedback*."

Você, como eu, ocupa um lugar no mundo fazendo o seu melhor. Aquilo que sabe fazer de melhor para o momento. Cada um se comporta da maneira que entende como melhor simplesmente porque é o que você pode dar naquele instante. Não dá para se dar o que não se tem. Aprender a viver o presente sem remoer o passado. Evoluir emocionalmente é a solução para muitos problemas do corpo físico. Talvez, a principal delas.

"Se for possível para o outro, é possível para mim." Evoluir é melhorar. Para termos o nosso melhor é preciso nos conhecermos. É necessário dar o mergulho nos abismos da própria alma, sem se esquecer de que somos seres em evolução e capazes de fazer sempre o melhor.

Todos possuímos recursos internos para o melhor, bastam perguntas que apontem caminhos, que nos façam refletir. Ressignificar, dar outro significado a experiências classificadas como dores ou sofrimentos pode ser o primeiro passo para a liberdade, para um novo caminho. Finalmente andar, direcionar a energia da sua vida iniciando com um primeiro passo na direção do que se quer, suas metas e objetivos.

A Programação Neurolinguística me possibilitou entender como agimos frente aos desafios que enfrentamos no dia a dia. Mais ainda, me possibilitou entender e ter a chance de mudar para algo muito mais amplo e melhor: evoluir como ser humano ampliando a percepção do mundo, do mapa mental.

Historicamente sua concepção se iniciou com Richard Bandler e John Grinder a partir de estudos de terapeutas como Milton Erickson, Fritz Perls, Virginia Satir, Gregory Bateson, entre outros. O que os criadores buscavam era o aprendizado estruturado dos padrões comportamentais que geravam a excelência desses terapeutas em atender e compreender a alma humana. Em um processo evolutivo, cada geração dessa metodologia focou em pontos relacionados com a solução de problemas inerentes à vida.

A primeira geração centrava-se nos comportamentos e capacidades do indivíduo, enquanto na segunda geração percebeu-se a possibilidade de trabalhar o relacionamento consigo mesmo e com o outro. Surgiam técnicas para os pontos da comunicação humana que podem ser foco de conflito. Questões como revisão e mudança de crenças, valores e metaprogramas passaram a ser o foco com técnicas como a linha do tempo, submodalidades e posições perceptivas. Nos anos 90, Robert Dilts surgiu como um dos principais criadores da terceira geração que passou a estudar a identidade, missão e visão, com uma percepção mais sistêmica, mais integral de que cada ação impacta no meio ambiente e no campo energético. A importância de um pensamento sistêmico faz com que nossas ações passem a ser avaliadas sob análise do que é apropriado e ecológico. Um dos grandes legados da terceira geração.

No meu mapa mental, a metodologia aplicada à saúde é capaz de resolver inúmeros problemas surgidos pelas dores da alma humana. Em muitos anos de profissão, venho assistindo como sintomas e doenças surgem pelo conflito nascido na comunicação tanto do *Self*, ou o Eu manifestado em sua essência, quanto do relacionamento com o outro. Frustrações, julgamentos, não aceitação da vida como entendemos que ela é e que nos faz sentir tristes, com raiva ou com medo. Dores que medicamentos não curam, apenas aliviam temporariamente.

Como médica, tenho a oportunidade de conhecer muitas pessoas. Ao escutar suas histórias percebo como pensam, como agem e em que baseiam suas ações. Descubro inúmeros mapas mentais que me permitem ampliar meu conhecimento. Desde o início da minha vida profissional, acreditei que havia algo além de uma simples questão genética para determinar uma doença. Entendi a importância de hábitos e estilo de vida na geração de uma doença. Aos poucos, fui descobrindo que a matéria que constituía o corpo humano poderia ser palpada, analisada, checada com exames laboratoriais e de imagem, e que algo impalpável, não passível de ser mapeado pelos métodos comuns impactava na cura. Um ser humano não é apenas um corpo. Um ser humano é uma alma, um espírito em evolução contínua.

Quando nosso coração está alegre, rimos com facilidade, sentimos um calor gostoso no peito, nossa consciência se abre e falamos de coisas boas, tudo flui. Nosso sistema digestivo entra em equilíbrio, um sabor doce e um odor perfumado nos acompanham. Não há pensamentos excessivos. Lábios rosados e com maciez estão vívidos. Comemos e absorvemos o que há de melhor nos nutrientes. Não transformamos a comida em fonte de prazer e alegria para alimentar nosso coração.

A tristeza atinge nosso sistema imunológico. Sintomas respiratórios se instalam com facilidade. Coriza, entupimentos, dificuldade de respirar e absorver o ar que respiramos. Um movimento lento que movimenta o peito na respiração. O intestino sofre. Nossa pele revela aspectos de ressecamento e começamos a apresentar sinais de doenças conhecidas com etiologia desconhecida, cujo tratamento inclui tradicionalmente medicamentos ansiolíticos, antidepressivos, entre outros. Ficamos recolhidos em nosso mundo. Muitos se fecham para o mundo externo. Deixam de ver a beleza da vida.

Sentimos um medo que se torna excessivo. Dores lombares se revelam, e nossa força de vontade de mudar se esvai. Nossos rins sofrem com a formação de cálculos. Nossa urina se torna concentrada pela falta do movimento correto no trajeto das águas. Deixamos de ouvir os outros e as coisas belas da vida. Deixamos que os sons da natureza sumam do nosso radar.

A raiva queima nosso fígado, e um sabor azedo nas coisas se instala. Se represada por não poder ser exposta, ou por não sabermos trabalhar com essa energia e transformá-la em ação para obter o que queremos fazer, de modo consciente, acumula gorduras e lipoproteínas nos hepatócitos gerando o que vemos na atualidade como esteatose hepática. Se explosiva, não contida e manifestada, a raiva atinge seu grau mais intenso e rompe as minúsculas barreiras celulares evoluindo para graus mais significativos. A raiva tensiona os músculos, que se apresentam exauridos e dolorosos. Nosso espírito começa a sofrer.

Em muitas práticas orientais, como a MTC e o Taoismo, ou o Budismo, o tratamento para vivermos melhor inclui exercícios físicos, uma boa alimentação, respirarmos com calma, meditar e movimentar a energia do *Qi* que circula pelo corpo. Uma boa música ou sons harmônicos que chegam aos nossos ouvidos alimentam nosso espírito.

Aplicando as técnicas da PNL, passamos a nos entender melhor. Percebemos que temos capacidades. Mudamos nosso comportamento. Comprometemo-nos com nossas metas. Eliminar peso, largar hábitos poucos saudáveis se torna uma meta alcançável, pois deixamos de fracassar e passamos a testar modelos de operaçoes que nos levam ao resultado esperado. Conseguimos alcançar o que queremos. Percebemos oportunidades nas crises. Entendendo quem somos e os papéis que existem em nossa identidade, retiramos o véu do automatismo e descobrimos nossa essência, nossa missão, nosso propósito. A vida passa a ter sabor, e o que é realmente importante ressalta.

Ter saúde pode ser uma opção para cada ser humano que existe. A PNL nos traz mais ferramentas para viver mais e melhor. Basta acreditar.

8

Visão tridimensional de fatos: aplicando a ferramenta das posições perceptuais

Neste artigo abordaremos a ferramenta das posições perceptuais, muito utilizada em programação neurolinguística (PNL). Nossa abordagem divide-se em três partes: a primeira introduz uma exposição teórica, a segunda contextualiza a ferramenta no ambiente escolar e a terceira apresenta uma prática aplicada por ocasião de minha pesquisa de mestrado em Coaching pela Florida Christian University, nos Estados Unidos

Luís Cláudio Pereira de Oliveira

Luís Cláudio Pereira de Oliveira

Professional Coach Sistêmico pelo Centro Nacional de Coaching -CENACOACHING-SP, com certificação internacional pelo WCC. Practitioner em Programação Neurolinguística pelo Instituto de Neurolinguística Aplicada – INAp-RJ, com certificação internacional pelo World NLPC. Certificado em Programação Neurolinguística Aplicada ao Aprendizado pelo Instituto de Neurolinguística Aplicada – INAp-RJ. Certificado no Método CIS - Inteligência Emocional pela Federação Brasileira de Coaching Integral e Sistêmico – FEBRACIS-SP. Certificado e licenciado em Perfis de Comunicação pelo SOAR Global Institute-USA. Possui Mestrados em *Coaching* e em Educação, ambos pela Florida Christian University-USA. Professor da Escola de Administração Judiciária do Tribunal de Justiça do Estado do Rio de Janeiro – TJERJ na área de Gestão de Pessoas. Professor do Curso de Graduação em *Coaching* da Florida Christian University-USA, na disciplina "*Applying Coaching in Education*". Palestrante de *Coaching* e de Programação Neurolinguística aplicados à Educação. Coordenador e treinador do curso "Práticas em PNL" do Museu da Justiça do Estado do Rio de Janeiro. Treinador de *Coaching in Group* no Grupo Folha Dirigida-RJ.

Contatos
lcpocoaching@gmail.com
Facebook: Luís Cláudio Oliveira
(21) 98732-0986

A exposição teórica

A ferramenta das posições perceptuais, inicialmente proposta por John Grinder e Judith DeLozier e, posteriormente, desenvolvida com base nos trabalhos de Gregory Bateson, é um recurso que possibilita a compreensão de fatos de forma tridimensional. Assim, em vez de olharmos uma situação de forma plana, ou seja, sob nossa perspectiva, com a ferramenta podemos visualizar os fatos de mais dois ângulos possíveis: sob a perspectiva do outro (segunda pessoa) e sob a perspectiva de um observador neutro (terceira pessoa).

Dessa forma, passamos de uma visão plana e unilateral para uma visão de volume, sujeita à análise de outros pontos de vista e sob a ótica de novos olhares e possibilidades.

Para a compreensão e a prática da ferramenta, faz-se necessário, no entanto, entendermos dois conceitos basilares: associação e dissociação.

Temos a associação quando, em determinada situação, enxergamos e interpretamos os fatos de acordo com nosso sistema de crenças e valores, ou seja, com nossos próprios olhos, havendo, assim, um envolvimento pessoal com a situação que nos é colocada.

Já a dissociação difere-se pelo fato da visualização e a interpretação ocorrerem de maneira neutra, ou seja, não nos envolvemos com a situação e nos colocamos como observadores externos a ela, livres de pré-julgamentos e não condicionados a nosso sistema de crenças e de valores. Tais conceitos são fundamentais por se referirem ao *modus operandi* da ferramenta.

Uma vez expostos tais conceitos, passamos a apresentar cada uma das posições perceptuais.

a) Primeira posição (EU) – Estamos associados à situação sob a ótica de nossa própria perspectiva com a ferramenta supracitada podemos visualizar os fatos de mais dois ângulos: a visão do mundo externo está sujeita a nossa realidade, vista através de nossos filtros mentais, sob o ponto de vista de nosso sistema de crenças e valores.

b) Segunda posição (O OUTRO) – Nessa posição nos permitimos exercer a empatia, colocando-nos na posição do outro. Dessa forma, passamos a ficar associados àquela pessoa, utilizando seu sistema de leitura e enxergando o mundo com novos olhos, com os olhos do outro, o que muda toda a configuração da situação ocorrida.

c) Terceira posição (ELES) – Agora saímos do espaço anterior, ficando de fora e observando os dois indivíduos anteriores. Somos observadores externos fora dos domínios de nossos filtros mentais e das duas visões de mundo anteriores, dissociados dos sistemas de leitura (EU) e (O OUTRO). Essa posição nos permite visualizar a situação de forma neutra e ecológica.

Contextualização da ferramenta no ambiente escolar

Quais são as leituras que os alunos fazem de seus professores? Quais são as leituras que os professores fazem de seus alunos? Poderiam existir mal-entendidos na relação professor-aluno, e, em caso positivo, tais situações poderiam ter sido evitadas antes? A relação professor-aluno é sempre bem administrada no cotidiano escolar? O processo de comunicação professor-aluno está sendo bem conduzido?

Essas são perguntas, dentre outras, a ser respondidas de forma sincera e responsável por aqueles que estão realmente comprometidos com a nobre missão de educar. Refletir acerca dessa questão é o primeiro passo a ser dado.

Nessa seara é importante destacar que a relação professor-aluno é um processo de comunicação e, como tal, possui um *input* gerado pelo emissor (professor), um processamento, em que os dados ficam sujeitos ao exame dos filtros perceptuais do aluno (seus sentidos), os quais, em seguida, são processados por seu filtro conceitual e, assim, transformados em informação. Ao final do processo, temos uma saída de dados (*output*) produzida pelo receptor (o aluno) de acordo com as informações processadas e sujeitas à leitura de seus filtros mentais (valores e crenças), o que ao final produzirá seu modelo mental.

José Osvaldo De Sordi, em seu livro *Administração da informação*: fundamentos e práticas para uma nova gestão do conhecimento, define os conceitos de dados e de informação. Para o autor, dados "são a coleção de evidências relevantes sobre um fato observado", ao passo que informação "é a interpretação de um conjunto de dados segundo um propósito relevante e de consenso para o público-alvo (leitor)".

Entender tais conceitos é crucial dentro de qualquer processo de comunicação, pois o que se deseja é fazer com que o receptor (aluno) consiga transformar dados em informações, e estas, em conhecimento.

É importante que o professor observe possíveis ruídos e interferências capazes de prejudicar o desenvolvimento da construção do conhecimento. Checar junto ao aluno se ele compreende o que está sendo comunicado é de extrema importância, é o que chamamos de *feedback*, ou retorno. Tal procedimento muitas vezes não é verificado durante o processo ou é verificado apenas ao final, após uma avaliação, por exemplo, em que muitas vezes é evidenciado o "erro" cometido pelo aluno.

Dependendo da forma como o professor pergunta aos alunos se eles entenderam sua mensagem, é possível que alguns, por vergonha ou medo, deem retorno positivo não condizente com a realidade ou, até mesmo, não se manifestem.

Da mesma forma que a transmissão de conteúdos está sujeita às peculiaridades do processo de comunicação, a conduta do professor também não foge a essa regra. A forma como um professor ministra uma aula – sua linguagem verbal e não verbal, suas microexpressões faciais, sua postura, sua acessibilidade, sua congruência ou sua incongruência relativa ao que diz e ao que efetivamente faz – é captada pelo aluno na forma de dados, que são processados, em um primeiro momento, em informação e, em um segundo, em conhecimento, que representa sua percepção em relação ao professor. Isso também vale para o professor em relação ao aluno. É nesse momento que podem nascer interpretações equivocadas, juízos de valores imprecisos e até mesmo bloqueios mentais por parte do aluno.

A ferramenta das posições perceptuais, nesse contexto, pode fazer toda a diferença, uma vez que o professor terá a oportunidade de se colocar, por um momento, no lugar de seu aluno e, assim, poderá refletir se sua aula ou se o conteúdo que transmite ou que já transmitiu estão realmente sendo realizados de modo adequado segundo o ponto de vista do aluno, o que representará uma oportunidade de promover um *upgrade* em seu modo de ensinar.

O inverso também pode ser realizado, ou seja, trabalhar a ferramenta com os alunos objetivando obter, por exemplo, *feedbacks* nunca antes imaginados em uma aula comum, sujeita a situações constantes de temperatura e pressão.

Assim, mal-entendidos poderão ser resolvidos, o processo de construção do conhecimento poderá ser enriquecido qualitativamente, mudanças positivas de posturas tanto do professor quanto do aluno poderão ocorrer, o processo de formação e treinamento docente poderá ser enriquecido com nova visão tridimensional do processo de construção do conhecimento.

A seguir apresento, a título de exemplo, a aplicação das posições perceptuais no âmbito da pesquisa de Mestrado inicialmente mencionada, trazendo sua prática com um dos alunos (atores sociais) participantes.

Posições perceptuais: uma aplicação prática

Foi solicitado aos alunos que imaginassem aquela aula de difícil assimilação de conteúdo ou em que houvesse dificuldade de relacionamento com o professor. A estrutura da aplicação da ferramenta constituiu-se das seguintes etapas:

a) Indução de estado: fazendo com que o aluno, de olhos fechados, acessasse a primeira posição (EU) no cenário solicitado, utilizando-se de uma linguagem hipnótica materna (Ericksoniana);

b) Condução do aluno ao ambiente imaginado: explorando seus canais perceptivos visual, auditivo e cinestésico;

c) Quebra de estado: trazendo o aluno de volta ao ambiente real (perguntas inesperadas) para, em seguida, perguntar-lhe o que ele trouxe de leitura daquela vivência;

d) Indução de estado para a segunda posição (professor): por meio da linguagem hipnótica materna, fazendo com que o aluno, de olhos fechados, se imaginasse no lugar do professor naquele contexto;

e) Condução do aluno nesse segundo cenário: explorando seus recursos perceptuais já mencionados anteriormente;

f) Quebra de estado: seguindo os moldes anteriores;
g) Indução de estado: fazendo com que o aluno, de olhos fechados, acessasse a terceira posição, imaginando-se como um observador que assiste àquela aula;
h) Quebra de estado: com o mesmo objetivo das etapas anteriores.

Apresento abaixo a aplicação da ferramenta das posições perceptuais com um dos atores sociais da pesquisa mencionada no início deste artigo:

> Feche os olhos, respire fundo com calma, devagar e no seu tempo. Sinta-se relaxado nesse momento... calma... relaxe... sinta-se bem... Imagine que você está agora dentro de sua sala de aula. Esta é aquela aula na qual você não entende bem o professor. Aquela aula que você acha chata. Uma aula que normalmente não rende. Uma aula daquela matéria ou daquele professor com que você não se identifica. Escute o que o professor está falando ou explicando. Observe como ele trata você. O que ele está fazendo agora, nesse exato momento? O que você está fazendo também? Ouça, veja e sinta essa aula, agora. Perceba o ambiente ao seu redor. Agora abra os olhos, levante-se, estique o corpo e respire fundo. Muito bem. Agora me responda: qual é o número da sua identidade de trás para frente? Bem, eu quero que você me diga como foi a aula. Como o professor se comportou e como foi reviver esse tipo de aula. (Falas deste pesquisador)
>
> Eu vi uma turma muito agitada, e a professora de Matemática explicando mais ou menos a matéria. Nenhum professor consegue controlar a turma. A turma é muito agitada. Meus colegas ficam fora do lugar, e todos conversam demais. Eu me

> vejo tentando entender a aula que a professora está dando. (Ator social 6)
>
> Gostaria que você fechasse os olhos e voltasse de novo à mesma aula da etapa anterior, mas agora você está entrando em sala como o professor da turma. Feche os olhos, respire fundo, com calma, devagar e no seu tempo... Sinta-se relaxado nesse momento... com calma... relaxe... sinta-se bem... O que você está vendo, ouvindo ou sentido agora? Como os alunos se comportam? O ambiente é propício para desenvolver um trabalho de qualidade? Os alunos estão prestando atenção no que você está falando? O ambiente está estimulando você a se dedicar ao máximo e ministrar aquela aula dos sonhos? Como está o ambiente? Ouça os sons e veja o que está acontecendo... Muito bem. Abra os olhos agora, levante-se, estique o corpo e me diga: quantas lâmpadas existem nesta sala de aula, rápido? Diga-me, qual foi a sua percepção como professor? (Este pesquisador)
>
> Vendo-me no lugar da professora de Matemática, vejo uma turma muito bagunceira e fazendo muita bagunça e fazendo muito barulho, agitada. Estava difícil de dar aula e chamar mais a atenção para a matéria porque parecia que as conversas eram mais interessantes do que a aula. (Ator social 6)

Em seguida, procedeu-se às etapas de indução e de condução àquela mesma aula, permitindo aos alunos colocarem-se como observadores neutros naquela aula.

Após a quebra de estado, o ator social 6 assim se manifestou:

> Olhando de fora, percebo que o problema não é dos professores porque eles realmente tentam

> dar a matéria. Vejo também como quase toda a turma é indisciplinada, o interesse tinha que partir da turma. (Ator social 6)

Conclusão

Como podemos observar, o ator social 6 teve a oportunidade de vivenciar três ângulos de uma mesma situação de seu cotidiano escolar, o que também ocorreu com os demais atores sociais no âmbito da pesquisa, em que se evidenciou um *feedback* poderoso no tocante aos novos olhares acerca da situação proposta.

Destaco que o tema pode ser aprofundado com o estudo da denominada quarta posição, associada à perspectiva do sistema como um todo, ou seja, como o sistema vê determinada situação. Apesar de não ter sido objeto deste trabalho, deixo aqui essa dica àqueles que desejarem se aprofundar no tema.

Assim, finalizo esta pequena contribuição acerca da ferramenta das posições perceptuais, destacando que ela poderá ser conduzida de outras formas e ter também alcance em outros contextos, como, por exemplo, na resolução de conflitos, dentre outras situações.

9

Descubra o que eu estou pensando agora

Como podemos aprimorar a nossa capacidade de interagir e de nos comunicar melhor nas relações interpessoais? Isso é de fato possível ou simples devaneio?

Luiz Paulo Orelli Bernardi

Luiz Paulo Orelli Bernardi

Engenheiro Civil, Bacharel em Administração de Empresas e Direito. Especialista em Engenharia de Avaliações e Perícias pela Fundação Armando Alvares Penteado – FAAP. Pós-graduado em Marketing pela Fundação Getulio Vargas – FGV. Mestre pelo Instituto de Pesquisas Tecnológicas do Governo do Estado de São Paulo IPT/USP. *Master*, Mestre *Practicioner* e *Trainner Training* em Programação Neurolinguística pela Sociedade Brasileira de Programação Neurolinguística – SBPNL. *Personal* & Profissional, *Executive* e *Life Coach* pela Sociedade Brasileira de Coaching – SBC. Grafólogo e Técnico em Hipnose. É docente e palestrante da Universidade Secovi, sendo conferencista licenciado pela Accredited Buyer's Representative dos E.U.A. Professor de diversos cursos de MBA e pós-graduações no Brasil e no exterior. Consultor no mercado há mais de 30 anos e autor do livro de "Marketing e Direito", e autor de diversos capítulos de livros na área comportamental e desenvolvimento humano.

Contatos
lob@terra.com.br
(11) 2979-3902 / (11) 2281-6345

Era outono quando acordei pela manhã em Campos de Jordão. O tempo estava nublado e fazia frio em toda cidade. Perto do meu apartamento as maritacas faziam a festa gorjeando sem parar. Pulei da cama e fui caminhando devagar até o centro da cidade, observando atentamente as araucárias, pinheiros e platanus que já apresentavam uma cor alaranjada devido à estação. O vento frio soprava em meu rosto como se fosse um alerta para me manter acordado. Os carros passavam pela Avenida rapidamente e podia-se ouvir claramente o barulho de seus motores. De repente um raio de sol furou as nuvens e tocou a minha testa como se fosse um sinal do que aquela experiência única poderia vir a representar, aguçando vigorosamente minha capacidade perceptiva e sensibilidade em relação às maravilhosas coisas que estavam acontecendo ao meu redor. Tudo era visível e claro, a Maria Fumaça passava por mim com seu apito agudo, os sons harmônicos eram como uma sinfonia e me proporcionavam uma sensação agradável de poder viver intensamente aquele momento.

Chegando ao centro da cidade procurei um local para tomar meu café da manhã, e como de costume me sentei em uma posição em que pudesse observar as pessoas fazendo as mais diversas atividades como, por exemplo, ler um livro, escutar música, conversar, degustar um bom café da manhã, passear pela cidade etc. Afinal de contas, todos estavam curtindo a famosa montanha mágica, nome esse carinhosamente batizado pela população local à linda cidade de Campos do Jordão no Estado de São Paulo.

E foi exatamente nesse momento, como num passe de mágica, que pude perceber claramente o que tudo aquilo representava dentro do contexto construtivo das interações humanas, como também da importância dessas manifestações espontâneas, que poderiam ajudar as pessoas a se relacionarem melhor uma com as outras, facilitando sobremaneira a comunicação entre elas.

Teríamos capacidade cerebral para tanto? Seria possível ter essa pretensão?

A resposta para essa pergunta é positiva.

Segundo estudos recentes de neurociência, o cérebro é composto de 100 bilhões de neurônios, sendo que cada neurônio é capaz de fazer de 1.000 a 10.000 conexões com os demais neurônios.

Se você calcular o número de interações ou combinações possíveis entre eles dentro do cérebro humano, chegaremos a um número maior que o número de átomos existentes no universo conhecido. E isso tudo apenas em um cérebro humano.

A partir daí me veio à cabeça a seguinte pergunta:

Como poderíamos aprimorar a nossa capacidade de interagir e de nos comunicar melhor nas relações interpessoais? Isso é de fato possível ou simples devaneio?

A resposta vai depender do seu nível de capacidade perceptiva e sensibilidade em relação a uma série de sinais disponibilizados espontaneamente pelo seu interlocutor, como também da interpretação que fazemos desses códigos que todos nós emitimos de forma inconsciente. E isso acontece desde o tempo das cavernas e vale tanto para o reino animal, como também para toda a espécie humana.

E como decifrar esses códigos ou sinais? Estaríamos voltando ao tempo das cavernas, ou podemos fazer isso prestando atenção na linguagem não verbal em que nossos antepassados eram especialistas por pura necessidade de sobrevivência. Onde devemos focar nossa atenção?

Inicialmente observando gestos, voz, olhar, expressões faciais e postura que estão ligadas a "Linguagem não Verbal". Num segundo momento ouvindo as palavras que seu interlocutor efetivamente profere, a velocidade da fala, as pausas, o timbre de voz, a califasia e o destaque dado as "palavras chave" do discurso, sendo que esse conjunto de coisas compõem a "Linguagem Verbal".

Em um terceiro momento com a aplicação prática da Programação Neurolinguística – PNL, que nada mais é do que um método que estuda o impacto da comunicação verbal e não verbal sobre nossa realidade intrapessoal, não só na qualidade da nossa comunicação, como também em nosso desempenho interpessoal.

Num quarto momento com o uso da Interpretação Grafológica, que interpreta os traços de escrita das pessoas revelando muitas coisas sobre a personalidade de seu escritor.

Com essas poderosas ferramentas seria possível alcançarmos um grau de comunicação ajustado às nossas necessidades?

Será que esses sinais estariam presentes em nossas vidas e os deixamos passar desapercebidos a maior parte do tempo? Você acredita mesmo nisso?

Uma resposta provável é que o cérebro adora economizar energia e, devido a isso, ele automatiza uma série de funções que simplificam a nossa capacidade perceptiva.

"O CÉREBRO É UMA MÁQUINA SELETIVA."
Luiz Paulo Orelli Bernardi

Você se lembra de quando começou a aprender a dirigir um automóvel? Três pedais, troca de marchas, breque de mão, volante, comando de seta, sinais de trânsito, atenção aos automóveis, espelho retrovisor e laterais etc.

De fato era muita coisa acontecendo ao mesmo tempo e você tinha que saber controlar o seu automóvel, sob pena de causar inadvertidamente um acidente, não é mesmo?

Com o passar do tempo você acabou por automatizar esses movimentos e tornou-se capaz de dirigir seu veículo sem pensar muito no que estava fazendo.

Outro exemplo interessante é de quando você era adolescente. Como os dias demoravam a passar. Tudo era informação nova e a sua capacidade perceptiva estava atenta a tudo e a todos, ou quando você fazia uma viagem para o exterior em que você tinha que se adaptar a novos ambientes e entender e falar outras línguas. Tudo era uma grande novidade.

Fica claro que a capacidade do nosso cérebro de aprender com o ambiente e outras pessoas é simplesmente fantástica.

Então, nessa altura do capítulo posso me atrever a afirmar que se você tiver sua capacidade perceptiva aguçada e ativa, evitará muitos aborrecimentos e dores de cabeça desnecessários pelo simples fato de que saberá interagir e antecipar os pensamentos de seu interlocutor, abreviando de forma eficaz a conversa, tornando-a mais agradável e produtiva.

"TODOS OS CAMINHOS LEVAM A ROMA, PORÉM EXISTEM ALGUNS ATALHOS QUE SÃO BEM MAIS RÁPIDOS".
Luiz Paulo Orelli Bernardi

Assim sendo, vamos decifrar alguns desses atalhos que nada mais são do que ferramentas disponíveis a todos, que lhe permitirão não só diminuir erros de julgamento, como também aprimorar a comunicação humana em busca da excelência.

"INFORMAÇÃO APLICADA É CONHECIMENTO."

"CONHECIMENTO É PODER."
Luiz Paulo Orelli Bernardi

O primeiro passo é entender definitivamente que a comunicação humana tem seus códigos. Provavelmente muitas dessas interpretações você faz de forma intuitiva, o que por si só já é muito bom. Contudo, se você se dispuser a estudar esses códigos do ponto de vista técnico, ficará muito melhor preparado para entendê-los.

Assim sendo, podemos classificá-los da seguinte forma:

- Código Verbal (palavras)
- Código Vocal (voz)
- Código de linguagem corporal (*Body Language*) gestos e postura
- Código das expressões faciais (Sinais faciais)
- Código Grafológico (Interpretação da escrita)

Os dois primeiros códigos são processados pela audição, enquanto os demais são processados pela visão. Em última análise, saber integrar todos esses códigos é de fundamental importância para desenhar o perfil da personalidade de uma pessoa.

Isso irá ajudá-lo a decifrar os sinais que os outros transmitem, ajudando-o a tomar decisões mais rápidas, eficazes e acertadas.

O "código verbal" são as palavras utilizadas na comunicação em seu significado. A comunicação verbal torna-se um grande problema para quem tem dificuldade de encontrar as palavras certas e se posicionar adequadamente, chegando muitas vezes a ser mal interpretado em suas manifestações.

Quem já ouviu a seguinte frase: "Você não entendeu o que eu disse", ou "na realidade eu queria dizer que ...". Esses exemplos demonstram claramente que a comunicação verbal é passível de muitas falhas, e que nem sempre conseguimos transmitir com palavras o que queremos realmente dizer.

Outro problema frequente é como você coloca essas palavras em uma frase. O importante não é o que se diz, mas como você diz. A maior parte dos conflitos ocorre com o uso da intensidade do tom de voz inadequado durante a conversa com seu interlocutor. Mude a intensidade da voz e observe a diferença.

O segundo é o "Código é o Vocal" que representa o significado que determinada voz transmite para seu ouvinte. Um bom exemplo é o do uso do *telemarketing* pelas suas operadoras que, além de obedecerem um determinado *script,* devem ter a sensibilidade auditiva para classificar rapidamente o tom de voz do cliente com o intuito de reconhecer o seu estado emocional naquele momento e o tipo de perfil comportamental que efetivamente possuem.

Existem muitos aspectos a serem analisados como, por exemplo, o volume da voz, sua qualidade, o ritmo da fala, sua velocidade e a animosidade ao longo do discurso. Além disso, boas operadoras de *telemarketing* conseguem modular suas palavras dentro dos canais predominantes de comunicação de seus clientes, quase sempre tornando a conversa mais agradável o que impacta diretamente no resultado de suas vendas.

Já o terceiro código a ser observado é o "Código da linguagem corporal" que nada mais é do que a forma como seu corpo reage a determinadas situações. Esse código também é conhecido como "*Body Language*" e é muito utilizado em interrogatórios, alfândegas e acareações. Não é à toa que foram realizadas inúmeras séries de sucesso para TVS americanas como, por exemplo, "Lie To Me" e "O Mentalista".

Uma das formas que recomendo para aprender a utilizar tal técnica é assistir a um filme sem som e tentar entender o que acontece apenas observando as manifestações corporais de seus atores. Você vai se surpreender com o resultado.

"O CORPO REVELA DIRETAMENTE SUAS EMOÇÕES E POR ISSO NUNCA MENTE".
Luiz Paulo Orelli Bernardi

Exatamente por isso, devemos nos ater muito mais aos movimentos corporais de nosso interlocutor do que suas palavras. Com a leitura fria dos sinais corporais ficará muito mais fácil entender se o que está sendo dito pelo interlocutor está em consonância com suas manifestações corporais.

Vamos falar brevemente sobre alguns sinais corporais muito comumente observados em nosso dia a dia. Braços cruzados: geralmente significa estado de defesa ou necessidade de proteção. Se o interlocutor cruzar os braços e der um passo para trás é um forte indício de que está mentindo. Cotovelos em forma de asa: observe primeiro a direção para onde os cotovelos do interlocutor estão apontando. Essa direção indicará a pessoa que está sendo deixada de lado ou preterida em relação à outra. Direção para onde os pés estão apontados representa exatamente para onde está voltada a atenção da pessoa. Inclinação do corpo: indica onde está concentrado o interesse maior do indivíduo. Um bom exemplo é observar um casal de namorados e notar a inclinação de seus corpos. Com isso, você saberá instantaneamente qual deles está realmente interessado no outro. Mãos agitadas: significam geralmente impaciência. Um bom exemplo é o tamborilar dos dedos na mesa ou girar insistentemente um anel no próprio dedo. Coceira: este é um sinal que normalmente não é positivo em relação ao interlocutor. Na maioria das vezes representa que estamos na frente de um mentiroso. Isso se deve ao fato de que quando a pessoa mente sua pressão arterial aumenta provocando coceira em algum lugar em seu corpo.

Naturalmente o mundo da linguagem corporal é muito abrangente e a quantidade de gestos e possibilidades de interpretação são infinitas.

Como se não bastasse ainda existe outro código muito utilizado, o chamado o "Código das expressões faciais". Todo rosto tem uma expressão e nós interpretamos essas expressões instantaneamente, pois o código facial reflete diretamente como a pessoa se sente em relação ao que está ouvindo ou falando. Um bom exemplo ocorre quando a pessoa manifesta uma expressão de surpresa onde suas sobrancelhas sobem e sua boca fica entreaberta. Na expressão facial, o sorriso verdadeiro se observa quando o rosto é marcado por inteiro formando rugas junto aos olhos e um traço dos dois lados da boca. Já no sorriso falso, esses traços não aparecem com tanta intensidade.

Para se ter uma ideia do número de possibilidade dessas manifestações, estudos científicos realizados pelo Dr. Paul Ekman nos Estados Unidos mostram que o rosto humano tem 43 músculos que são capazes de gerar 10.000 expressões. Isso sem contar as microexpressões que também têm seu significado próprio.

Prestar uma atenção minuciosa a essas expressões faciais pode revelar diretamente o que uma pessoa está querendo de fato dizer.

Outro elemento muito importante para analisarmos é o movimento dos olhos do interlocutor. Isso porque ele revela não só qual é o canal predominante de comunicação utilizado como também se ele está dizendo a verdade.

Como assim? Apenas observando o movimento dos olhos? Isso é mesmo possível ou é mais um devaneio?

"A MENTIRA TRANSPIRA PELOS POROS"
Sigmund Freud

A programação neurolinguística afirma categoricamente que sim.

Inicialmente você deve observar para onde o seu interlocutor está olhando considerando três posições distintas:

Para cima: canal visual, onde o interlocutor trabalha com imagens.

No nível das orelhas: canal auditivo onde as palavras e sons são os mais importantes.

Para baixo: canal sinestésico em que as sensações e sentimentos são predominantes principalmente quando o interlocutor olha para baixo do seu lado direito.

Se olhar do seu lado esquerdo e para baixo, significa que está utilizando o canal auditivo interno e que neste momento está conversando consigo mesmo.

A pergunta que cabe nesse momento é: "para que preciso disso tudo"?

Imagine que você é um gerente comercial e está negociando com um cliente que está a sua frente. Se o cliente olhar para cima e usar palavras típicas de um visual como, por exemplo, "veja bem", "olha aqui", "estou te mostrando", você deve estar na frente de um cliente visual e, portanto, deverá vender imagens para ele. Mostre o produto, chame a atenção para o *design*, cores e formas e apresente gráficos ricamente decorados e de bom gosto estético.

Já para o canal auditivo você deve valorizar as palavras, a música e os sons, pois é isso que seu cliente aprecia. Essa é a musica que ele toca e você deverá acompanhar esse ritmo para se dar bem.

No entanto, para o canal sinestésico você deve evocar sentimentos e vender sensações. É interessante fazer com que o cliente toque no produto a ser vendido, por exemplo. Normalmente essas pessoas gostam de falar tocando em seu interlocutor, de forma espontânea e natural, e só comprarão o seu produto se isso de fato acontecer.

Existem também alguns tipos de padrões de discurso desses comunicadores que podem ser combinados conforme abaixo:

Comunicador Visual

Para criar laços com eles, combine palavras e frases com outras que você profere naturalmente: ilustrar, mostrar, olhar, ver, esclarecer. Por exemplo, se seu chefe disser: "Não consigo imaginar como funciona a sua ideia", responda: "Se tiver um tempinho agora, posso demonstrá-la claramente como um raio de sol na floresta."

Comunicador Auditivo

Normalmente, quando o interlocutor auditivo relembra algo, ele olha para os lados no nível de suas orelhas sem mexer a cabeça, para cima e para baixo, ou usa palavras auditivas. Nesse caso, responda com outras palavras do mesmo canal auditivo como por exemplo: escuta aqui, ouça bem, escutar, sussurrar e soar.

Se seu amigo de escritório lhe disser: "aquele contrato que fizemos

não me soa bem e me parece problemático", você pode dizer:
"Eu vou baixar o tom das partes para que lhe soe bem".

Comunicador Cinestésico

Normalmente, o interlocutor olha para baixo enquanto fala, e você deve imediatamente usar palavras do seu canal cinestésico, tais como: sinta isso, toque aqui, fique calmo, tudo bem.

Se seu cliente disser: "estou muito satisfeito a respeito de nossa escolha por esse esporte". Responda, "sinto-me da mesma maneira. Isso é extremamente agradável e confortável para mim".

Outra coisa muito importante é observar o movimento dos olhos do seu interlocutor, porque essa posição revela exatamente em qual canal predominante de comunicação ele se encontra.

Normalmente quando o interlocutor olha para esquerda dele, significa que ele estará acessando o córtex da memória. Já quando está olhando para a direita está acessando o córtex da criatividade.

Com base nessa informação, você já descobriu onde se encontra a mentira, não é mesmo? Será que as pessoas mentem muito no seu dia a dia?

O famoso Dr. Paul Ekman afirma categoricamente que:

- 81% das pessoas dizem mentiras inofensivas todos os dias.
- 98% dos adolescentes dizem que mentem para os seus pais.
- 42% dos adultos acham que mentir é uma algo justificável.
- 44% das pessoas são mais afetas a mentirem por *e-mail* do que escrevendo de próprio punho.
- 61% das mulheres acham normal que um homem minta sobre sua aparência.

Exatamente por isso, devemos nos ater muito mais aos movimentos corporais de nosso interlocutor do que em suas palavras. Com a leitura fria dos sinais corporais ficará mais claro verificar se as palavras ditas pelo interlocutor condizem com suas manifestações corporais.

Em relação à mentira, a programação neurolinguística ensina que quando seu interlocutor olha para a direita dele, em qualquer lugar de um dos três canais predominantes de comunicação já relatados (Visual, Auditivo ou Sinestésico), é muito provável que você esteja presenciando uma mentira. Isso porque nesse momento o cérebro está acessando o córtex da criatividade e procurando uma solução nova para o que está sendo indagado. Essa posição dos olhos é feita de forma espontânea e natural, porque já existe um *software* instalado em seu cérebro, que direciona automaticamente seus olhos para tal posição.

Já quando o interlocutor olha para a esquerda, temos exatamente o oposto, ou seja, a verdade. Isso se deve ao fato de que nesse momento, ele está se lembrando de algo que já ocorreu e, portanto, está acessando o banco de dados de sua memória.

Também existem situações em que o interlocutor nos encara diretamente, e quase sempre esse é um forte indício de mentira. Quase sempre ele nos encara na tentativa de saber se acreditamos no que acabou de dizer.

"O INTANGÍVEL É MAIS TANGÍVEL DO QUE PARECE".
Luiz Paulo Orelli Bernardi

Por fim, temos o "Código Grafológico", que explica como as manifestações gráficas revelam os traços da personalidade das pessoas.

Uma letra pequena quase sempre denota timidez, enquanto um corte de "T" ascendente representa força de vontade e energia. Já se esse "T" tiver uma haste comprida à direita denota capacidade de comando, dominação ou uma pessoa muito protetora com pessoas próximas. Letras inclinadas à direita revelam sentimentalidade enquanto letras perpendiculares denotam equilíbrio e senso de justiça acurado. Letras em arcadas revelam que o escritor não gosta de revelar seus sentimentos e emoções, enquanto que letras em guirlandas demonstram exatamente o contrário. Letras ligadas entre si revelam um raciocínio logico dedutivo, enquanto que letras separadas entre si denotam que a capacidade intuitiva do escritor é farta. Letras muito próximas umas das outras revelam alto grau de necessidade de interação com pessoas, pelo simples fato de gostar de conviver em sociedade. Assinaturas ascendentes demonstram vigor e energia, enquanto que assinaturas em declínio denotam o contrário.

Muitos exemplos podem ser citados em relação ao estudo grafológico, mais particularmente em relação às assinaturas. Podemos citar as assinaturas de Napoleão Bonaparte e Hitler. Quando o jovem tenente de artilharia lutava pela França em 1793, sua assinatura era ascendente e vibrante, o que não ocorria quando do seu exílio na ilha de Santa Helena onde sua assinatura era descendente e em queda livre, evidenciando sua falta de energia e derrota plena de suas pretensões militares. Os mesmos traços são encontrados na assinatura de Adolf Hitler ao longo de sua carreira militar, que por si só confirmam sua ascensão e glória, como também o tempo exato de sua derrota na segunda guerra mundial.

Os inícios das assinaturas são conhecidos como ataques e o final das assinaturas como arremates. A simples análise dos ataques e arremates evidencia uma série de traços da personalidade do escritor para o observador mais atento à manifestação gráfica de próprio punho do escritor. Por exemplo, no arremate da assinatura de Hitler em forma de arpão ascendente, verificamos uma agressividade contida que é também conhecida como o traço da fatalidade. Já se o arremate terminar com uma linha contínua significa desconfiança e é comumente conhecido pelos grafólogos como o traço do procurador. Os arremates que puxam a linha para baixo em diagonal quase sempre são de pessoas que gostam de jogar na defensiva. Já as assinaturas ascendentes em diagonal são utilizadas por pessoas que gostam de estar em evidência. Se as letras tendem a se expandir ocupando uma porção generosa do papel, temos um forte indício de megalomania.

"ÀS VEZES NÃO SEI O QUE FAÇO DAS LINHAS DE MEU CADERNO, MAS TODAS LINHAS QUE TRAÇO SÃO LINHAS DO MEU INTERNO".
Anônimo

Assim sendo, se você pretende ser um mestre na interpretação de pessoas, recomendo que utilize essas poderosas ferramentas de análise que certamente farão toda a diferença em seus relacionamentos a partir de agora. Lembre-se que aprofundar o lado humano pode parecer uma aparente fraqueza, contudo na prática fará toda a diferença por tratar-se de uma demonstração de alto grau de percepção e sensibilidade, que transformará sua vida pessoal e profissional de forma significativa e irreversível.

"ADORO QUANDO TUDO COMEÇA A SE ENCAIXAR, É COMO SE TUDO SE ENCAIXASSE".
Patrick Jane (O Mentalista)

E por fim, nunca é demais lembrar a seguinte frase que revela o por que devemos selecionar e nos relacionar bem com as outras pessoas.

"A NOSSA FELICIDADE E SUCESSO DEPENDEM DIRETAMENTE DA QUALIDADE DE NOSSAS RELAÇÕES PESSOAIS".
Luiz Paulo Orelli Bernardi

Boa sorte!!!

10

PNL e vendas

A nova realidade das vendas faz com que os vendedores precisem cada vez mais de novas habilidades e diferenciais sobre seus concorrentes. A Programação Neurolinguística (PNL) é uma forte aliada do profissional que deseja de forma ética estabelecer uma conexão maior com seus clientes

Mauri Mendes

Mauri Mendes

Personal & professional coach e executive & business coach formado pela Sociedade Brasileira de Coaching (SBC) e membro da mesma instituição, é palestrante formado pela Academia do Palestrante, *master practitioner* em Programação Neurolinguística (PNL) formado pelo Instituto Rogério Castilho com certificação internacional emitida por Richard Bandler e membro da The Society of NLP; especialista em Persuasão e Vendas formado pela Sociedade Internacional de PNL e presidente do Instituto Somar Coaching & Treinamentos.

Contatos
www.institutosomarcoaching.com.br
contato@institutosomarcoaching.com.br
(11) 2506-9086

O cenário das vendas no mundo mudou muito. Antigamente, o vendedor apenas batia de porta em porta, apresentava seu produto, vendia ou não, recebia o pagamento caso efetuasse a venda e partia para a próxima.

Hoje, com a quantidade de serviços e produtos cada vez mais elevados, a concorrência aumentou muito, e, com isso, os consumidores estão cada vez mais céticos em relação ao processo de vendas. Diante desse novo cenário, o vendedor precisa criar uma relação com seu consumidor, pois, com a quantidade de pessoas oferecendo produtos e serviços, ele comprará daquele que despertar mais confiança. A PNL tem sido uma grande aliada tanto para o vendedor quanto para o processo de vendas.

Para o vendedor, a PNL tem um papel muito importante em vários aspectos.

Primeiro: o vendedor precisa ter claramente definido o seu objetivo. Ele precisa ter um norte para ir. O vendedor que não faz um planejamento adequado com seu objetivo bem definido não sabe qual resultado está procurando. Por isso, a PNL auxilia no momento de fazer uma Boa Formulação de Objetivos (BFO) e, para definir claramente esses objetivos, a PNL ensina que:

- Eles precisam estar expressos de forma positiva: formular um objetivo de forma negativa, como "Não perder essa venda", faz com que seu foco seja direcionado para o que você não deseja. A importância de um objetivo estar expresso de forma positiva é que fica bem claro em sua mente aonde você deve chegar.
- Eles precisam ser iniciados e mantidos pelo indivíduo: o objetivo para ser realizado tem de depender exclusivamente do vendedor. Objetivos como "eu quero que o consumidor X faça a compra" estão formulados de forma errada. É preciso estabelecer objetivos em que você possa fazer o que precisa ser feito para conquistá-lo.
- Eles precisam ser ecológicos: é muito importante que o objetivo estabelecido não prejudique ninguém quando for realizado.
- Eles precisam ter evidências: quando estabelecer um objetivo é

necessário que estabeleça também evidências para a todo momento checar se o caminho que está percorrendo o está levando exatamente aonde deseja chegar.

Depois de ter um objetivo muito bem definido, outro ponto muito importante que o vendedor precisa ter é a crença. Ele precisa acreditar no que faz e que está oferecendo algo benéfico para o cliente. Porém, muitos vendedores estão na profissão por ser uma necessidade e acabam não acreditando no que fazem. Muitas pessoas carregam crenças limitadoras de que vender é algo ruim, vender é mentir para o cliente, se entrar em contato com o cliente, vai acabar o incomodando. Essas crenças muitas vezes vêm de muito tempo observando nossos familiares não atender ligações de vendedores ou, após atender, se sentir incomodado. Muitas vezes escutamos aquela famosa frase: "Ele só está querendo vender", e isso vai alimentando a crença de que vendas é uma profissão mentirosa. Por isso, é muito importante que o vendedor acredite intensamente no que ele está vendendo e que o cliente será beneficiado por seu produto. Para isso, é sempre bom pesquisar sobre pessoas que compraram seus produtos e tiveram excelentes resultados. Pesquise sobre vendedores que receberam excelentes *feedbacks* após venderem seus produtos e serviços. Isso vai ser uma das formas para você quebrar essas crenças limitadoras em relação a vendas.

Um dos pontos mais importantes para o vendedor é seu estado emocional para realizar o processo de venda.

Quando uma pessoa está com seu estado emocional baixo, isso acaba afetando todo o seu resultado. Pensamentos produzem sentimentos que conduzem a atitudes e geram os resultados. Por isso, o estado emocional do vendedor determinará o sucesso ou não de suas vendas.

Imagine alguém chegar para tentar vender algo para você e aparentar péssimo estado, falar com você sem confiança alguma, com corpo retraído e a fala baixa. Qual seria sua reação em relação a ele e ao seu produto? Agora, imagine um vendedor chegar com uma postura poderosa, com total confiança no que está falando e nos benefícios que você terá ao comprar o produto dele, o olhar firme lhe passando segurança. Sentiria mais confiança na compra?

Por isso, é extremamente importante que o vendedor esteja com seu estado emocional elevado, e a PNL auxilia nesse ponto, ajudando o vendedor a buscar momentos no passado em que ele tenha sentido total confiança em si mesmo, momentos em que ele tinha certeza do que estava fazendo, e sentir toda essa sensação novamente. Após trazer para o presente todas essas emoções já vivenciadas, o vendedor pode criar um gatilho para que esses estados de alto desempenho sejam acessados a qualquer momento. Esse estado emocional intenso disparado pelo gatilho externo é chamado de âncora. O vendedor pode escolher um estímulo externo que ele não tenha costume de acessar sempre, por exemplo, dar alguns pulos e um aperto no braço. O vendedor vai escolher o melhor estímulo para poder acessar a qualquer momento todo o potencial de que precisa para a venda.

Esses são alguns pontos, dentre muitos, em que a PNL pode auxiliar o vendedor a se preparar para a venda.

Agora, a PNL também desempenha um papel muito importante no processo de vendas.

As pessoas não compram produtos, as pessoas compram emoções, compram os benefícios que seu produto ou serviço vai proporcionar a elas. Muitas vezes, porém, você tem total confiança em seu produto, mas o comprador não consegue captar sua mensagem. A comunicação é o ponto mais importante no processo de vendas. Você precisa saber como apresentar seu trabalho para quem deseja vender.

Todos captamos as informações por meio dos sentidos visual, auditivo e cinestésico. E usamos esses sentidos a todo momento, porém um sentido é mais perceptível que os outros.

Algumas pessoas utilizam mais o sentido visual, outras o sentido auditivo e outras o cinestésico. Por isso, é muito importante que você observe a forma que seu cliente comunica os pensamentos. Observe como ele formula as frases dele e perceba qual sentido ele mais utiliza e, quando falar sobre seu produto, apresente-o da forma que seu cliente prefere, pois assim você estará entrando no "mundo" dele e falando o que ele quer ouvir.

Outra técnica muito interessante da PNL são os padrões de metamodelo. As perguntas do metamodelo trazem a estrutura da linguagem do superficial para a estrutura mais profunda.

Um cliente pode querer lhe passar informações sobre as dúvidas dele acerca da empresa, do produto ou até mesmo de informações sobre os concorrentes. E muitas vezes essas informações podem ser passadas de forma superficial, com distorções, generalizações e omissões que o vendedor não entenderá claramente. O metamodelo permite que o vendedor faça o cliente passar as informações de forma mais profunda, mais precisa e, com isso, não ficam dúvidas.

Por exemplo, o cliente fala sobre um concorrente: "Seu concorrente oferece um preço mais barato", isso fica muito vago, e muitas informações são perdidas caso não se aprofunde mais a conversa. E perguntas do tipo: "O que é mais barato para você?", "Mais barato em relação a quê?", "Qual concorrente?" fazem com que se obtenham as respostas desejadas. Essa também é uma excelente técnica para descobrir quais são as reais necessidades do cliente. Por exemplo, o cliente diz: "Eu preciso do produto X", e o vendedor, para obter mais informações sobre isso, pode usar perguntas do tipo: "Como você sabe que precisa especificamente do produto X?", "O que acontece que o leva a pensar que o produto X é a solução ideal para você?", "Em que momentos específicos o produto X lhe beneficiaria no dia a dia?". Dessa forma, o vendedor poderá colher as reais necessidades do cliente e oferecer a melhor solução a ele. A intenção é sempre buscar mais informações e enriquecer a comunicação entre o vendedor e o cliente.

Como falei no começo, hoje o consumidor compra de quem em que sente mais confiança, quem lhe agrada mais. Para isso existe uma técnica extremamente poderosa chamada *rapport*.

Segundo Anthony Robbins, "*Rapport* é a capacidade de entrar no mundo de alguém, fazê-lo sentir que vocês têm um forte laço em comum. É a essência da comunicação bem-sucedida".

A técnica de *rapport* permite que o vendedor crie uma conexão com o cliente, levando-o a criar maior confiança e ter melhor aceitação de seu produto.

A forma mais simples para a criação de *rapport* é pela técnica chamada espelhamento, na qual, de maneira sutil, o vendedor, por um determinado tempo, vai igualar o comportamento ao do cliente. Os comportamentos podem ser a postura corporal, as expressões faciais, a respiração, o movimento das pernas e dos braços e outros movimentos corporais.

Para a criação do *rapport*, o vendedor vai acompanhar o cliente por determinado tempo e depois vai conduzir, ou seja, vai espelhar todos os movimentos dele. Depois de certo tempo, vai modificar seus movimentos para ver se o cliente inconscientemente o acompanha. Caso o resultado seja positivo, o *rapport* está criado.

Essa técnica é muito importante para que o cliente se identifique e fique à vontade com você, facilitando assim sua comunicação em relação ao serviço e ao produto. Afinal, praticamente ninguém compra algo de alguém em quem não confia.

Essas são apenas alguns dos inúmeros benefícios que a PNL pode proporcionar ao profissional. O mais importante é que a ética prevaleça durante todo o processo de vendas, e tudo isso seja usado para que o cliente se beneficie dos serviços e dos produtos que você vende. A consequência disso será um cliente fiel e disposto a indicar seu serviço a todos os conhecidos.

Sucesso!

11

PNL para crianças

Como o sistema representacional e as submodalidades podem auxiliar efetivamente na leitura e na interpretação de texto do educando? Esse é o tema proposto a ser desenvolvido neste artigo

Prof. Maurício Camargo de Mello

Prof. Maurício Camargo de Mello

Bacharel em Violão Clássico pela Faculdade de Música Carlos Gomes e pós-graduado pela mesma instituição em Estruturação Musical sob a coordenação do compositor e pianista Celso Mojola, aperfeiçoou-se em violão com Henrique Pinto, Giácomo Bartoloni e Edelton Gloeden. Estudou Harmonia Tradicional e Análise com o maestro Silas de Oliveira. Possui licenciatura plena em Português/ Inglês pela Universidade São Camilo. É formado em Relações Interpessoais no Trabalho, Pedagogia Empresarial, *Licensed Practitioner of Neuro-Linguistic Programming®*, *Master Practitioner* pela *ABNLP – American Board of Neuro-Linguistic Programming®*, *PCC – Professional Coach Certification, PDC – Professionnal Disc Certification* pela Sociedade Latino-Americana de Coaching®, da qual é membro, e certificação internacional em Analista DISC pela HR TOOLS. Ministra aulas, palestras, *workshops* e treinamentos.

Contatos
mauriciomellocoaching@gmail.com
(11) 2910-8861 / (11) 98690-8061

A aplicação da Programação Neurolinguística (PNL) em crianças é, até o momento, algo a ser mais explorado. Talvez a sua própria designação – Programação Neurolinguística – intimide seu exercício no "universo infantil".

Ledo engano. Se observarmos com acuidade as crianças, veremos como elas empregam as ferramentas da PNL de maneira sutil e inata.

Já notaram como agem as crianças em seus argumentos quando almejam conquistar algo? Perceberam como conseguem modelar um adulto? E seus inumeráveis questionamentos, às vezes, não se assemelham ao metamodelo de linguagem?

Em se tratando de congruência, há uma autenticidade e uma coerência maior naquilo que sentem e na forma como transmitem esses sentimentos?

Quanto à visualização, à imaginação e à criatividade, será que podemos superá-las?

Já repararam nas crianças brincando? Não é um belo exemplo de *rapport*?

Por esses e outros motivos, decidimos nos dedicar à utilização das ferramentas da PNL na didática infantil, crendo na otimização da consciência, na mudança e na transformação integral do educando. Esse procedimento nos traz à tona o seguinte texto:

"Os professores fascinantes transformam a informação em conhecimento e o conhecimento em experiência. Sabem que apenas a experiência é registrada de maneira privilegiada nos solos da memória, e somente ela cria avenidas na memória capazes de transformar a personalidade. Por isso, estão sempre trazendo as informações que transmitem para a experiência de vida" (Cury, 2003).

A letra N – ('neuro') da sigla PNL – refere-se ao modo como utilizamos nossos sentidos básicos – imagem (visual), sons (auditivo), sensações (cinestésico), sabores (gustativo) e odores (olfativo) – e de que maneira representamos as informações vindas desses sentidos – é o sistema representacional. Já as distinções em blocos menores de construção de nossos pensamentos classificamos em submodalidades, as quais enriquecem nossas experiências.

Cada modalidade do sistema representacional pode, então, ser dividida em partes menores.

As imagens podem variar quanto ao tamanho, à luminosidade, à cor e ao brilho e ser associada (quando vemos o evento com nossos próprios olhos), dissociada (apenas nos vemos passando pelo evento) ou ainda ter ou não uma moldura.

Os sons variam quanto à altura (grave, médio, alto), ao timbre (origem do som: de flauta, violino, violão, voz, etc.), ao tom (nuança, matiz, tonalidade), à localização, a distância, etc.

As sensações caracterizam-se quanto à intensidade, à localização, à pressão, ao peso, à extensão, à textura (qualidade visual e tátil de certos materiais).

Enfim, o modo como processamos as informações é crucial para uma comunicação, e reconhecer e entender os sistemas preferidos colabora para aumentarmos a concordância da transmissão e da recepção das mensagens.

Nossa proposta de leitura e interpretação de texto é um mecanismo ou um artifício diferente do convencional escolar, porém bastante significativo na interação leitor-texto ou, no dizer de Ângela Kleiman (2002), "a leitura é um ato social, entre dois sujeitos – leitor e autor que interagem entre si, obedecendo a objetivos e necessidades socialmente determinados".

A utilização do sistema representacional e das submodalidades pode ser uma ferramenta auxiliadora para os fins citados acima, contribuindo, ademais, para a superação dos bloqueios relacionados com as linguagens oral e escrita, exercitando-as de forma mais lúdica, livre e prazerosa, desenvolvendo a imaginação criadora, a autodescoberta e a sociabilidade da criança.

Outrossim, é eficaz pela correspondência que faz entre o texto, a visão de mundo e a vivência do educando, pois tanto o sistema representacional quanto as submodalidades são utilizados em tudo o que fazemos – no planejamento, na memória, nas fantasias e até na solução dos problemas. Mas como utilizarmos esses recursos como ferramentas auxiliadoras na leitura e na interpretação de texto? Iniciaremos, então, lendo o seguinte poema:

Tempestade

O vento ventão com voz de trovão

acende um clarão de medo
no meu coração.
Será que já vem tempestade?
Será que vai inundar a cidade?

Mas que bom! Caiu só uma chuva
fininha e o vento grosso se transformou
numa brisa pequenininha.
O vento ventinho com voz de sininho
faz um carinho no meu coração.
Roseana Murray, 1990.

Agora faremos perguntas poderosas para auxiliar a criança na exploração desse poema:

1. O que é um ventão? Você já viu o que ele pode fazer?
2. Você já sentiu e ouviu um ventão? Descreva como foi essa experiência.
3. Você já ouviu a expressão "voz de trovão"? Conhece alguém que tem uma voz assim? Você pode reproduzir essa voz para mim?
4. Você tem medo de quê? Quando sente esse medo em que lugar do corpo ele é mais evidente? Você já viu algo que lhe trouxe medo? O que foi?
5. Eu gostaria que você ouvisse internamente o bater de um coração com medo. Agora me diga: como ele é?
6. Você já "tomou" uma chuvinha? O que você sentiu? Ela estava fria? Como era o visual dela?
7. Quando você tomou essa chuvinha tinha algum cheiro característico no ar? Qual?
8. Você sabe o que é uma "brisa pequenininha"? O que você sentiu ao ter contato com ela?
9. Ouça agora, internamente, o som de um sininho, bem baixinho, e visualize-se tocando-o.
10. Agora eu vou pedir para você ir aumentando aos poucos esse som e a velocidade das batidas desse sino. Reproduza agora para mim como você o ouviu internamente.

11. Quais palavras que costuma ouvir são carinhosas para você? Vamos visualizar essas palavras em uma lousa e com cores diferentes?
12. O que você sente quando recebe um carinho? Qual foi o momento em que você o sentiu mais intensamente?
13. Qual é a diferença entre um som de vento forte e um ventinho? Imite-o para mim.
14. Você já sentiu alguma emoção que estava perto de seu coração? Qual foi?
15. Você já assistiu a um programa ou leu em algum livro alguma situação com ventos fortes e tempestade ao mesmo tempo? Como foi?
16. Chuva, vento e tempestade podem ser estudados em que matéria? Conte para mim como foi essa aula.

Essa atividade permite atender aos Parâmetros Curriculares Nacionais, que têm as seguintes características:

a) **Interatividade** – o aluno interage o tempo todo no seu próprio aprendizado. Ele pensa, responde e cria um novo conceito.

b) **Contextualização** – o educando interage com algo do seu cotidiano, com a realidade em que vive, relacionando os conceitos estudados com sua realidade concreta.

c) **Interdisciplinaridade** – o saber não é dissociado ou fragmentado, mas abrange toda a realidade que nos cerca, relacionando-se com as demais disciplinas, formando um todo coerente e sistêmico.

d) **Transversalidade** – o aprendiz (a partir do texto) tem a oportunidade de relacioná-lo à pluralidade cultural, à ética, à saúde e à orientação sexual, ao meio ambiente, ao trabalho e ao consumo, realizando, portanto, um exercício de cidadania.

A leitura e a interpretação de texto não são algo fixo, definitivo e único. Acreditamos que nossa colaboração, assiste, assim, aos Parâmetros Curriculares Nacionais: relacionado às múltiplas leituras de um texto:

"Uma prática constante de leitura escolar deve admitir 'leituras'. Pois outra concepção que deve ser superada é o mito da interpretação única, fruto do pressuposto de que o significado está no texto. O significado, no entanto, constrói-se pelo esforço de interpretação do leitor, a partir não só do que está escrito, mas do conhecimento que traz para o texto [...]". PCN (1998)

É importante que, no exercício proposto, o professor peça aos alunos que façam antecipadamente os movimentos oculares pertinentes ao sistema representacional em questão, pois eles auxiliarão na recuperação ou na criação das informações.

Vejamos as indicações.

Pistas de acesso – movimentos oculares

Bandler e Grinder observaram que os movimentos dos olhos das pessoas mudam em direções específicas, dependendo de tipo de pensamento em uso naquele momento.

Notaram também a inversão desses movimentos oculares quando feitos por pessoas canhotas em relação às destras.

Veremos abaixo como são realizados esses movimentos oculares.

VC = visual construído. Os olhos se movimentam para cima e à direita.

Exemplo de VC: pense em uma girafa cor-de-rosa com bolinhas azuis. É visual construído porque você não encontrará essa girafa em nenhum lugar do mundo, por isso terá de construí-la mentalmente.

VL = visual lembrado. Os olhos se movimentam para cima e à esquerda.

Exemplo de VL: qual é a cor do seu quarto? É lembrado porque seu quarto existe e possui uma cor, basta que você acesse sua memória para visualizá-lo.

AC = auditivo construído. Os olhos se movimentam para o lado e à direita.

Exemplo de AC: você consegue imaginar como soaria a voz do seu professor com as características do Pato Donald? É auditivo construído porque creio que seu professor não possui a voz do Pato Donald.

AL = auditivo lembrado. Os movimentos dos olhos são para o lado e à esquerda.

Exemplo de AL: por favor, procure neste momento se lembrar de sua música favorita. É auditivo lembrado porque você conhece e gosta dessa música, basta ouvi-la interiormente.

C ou K = cinestésico (olhos para baixo e à direita). É quando sentimos emoções e sensações.

Exemplo: como você se sentiu quando recebeu a visita de alguém querido?

AD = auditivo digital (olhos voltados para baixo e à esquerda). É seu diálogo interno, a fala consigo mesmo.

Exemplo de AD: ouça internamente algumas reflexões, dialogando consigo mesmo.

Esse processo de leitura e interpretação por nós exposto aguça e estimula os sentidos das crianças. A partir dele, o olhar à sua volta será ampliado, assim como a capacidade de perceber o maior número de cores, imagens, estruturas e diferentes formas, potencializando seu sistema visual.

Diferentes sons e timbres serão captados, aprimorando a acuidade do seu sistema auditivo infantil.

A atenção às sensações corporais, aos cheiros, ao paladar e à observância das texturas de qualquer origem será processada melhor permitindo uma interação mais abrangente da criança com o ambiente.

E mais, será oportuno expor aos pequenos como podemos criar ou ampliar nossa realidade por meio da percepção e evidenciar-lhes como usufruímos nosso potencial mental, despertando os tesouros inconscientes e identificando os melhores mecanismos internos que possibilitarão o crescimento pessoal e integral deles.

"Quando olho uma criança, ela me inspira dois sentimentos:
ternura pelo que é e respeito pelo que possa ser."
Jean Piaget.

Referências

BRASIL. Secretaria de Educação Fundamental. *Parâmetros curriculares nacionais: terceiro e quarto ciclos do Ensino Fundamental: língua portuguesa.* Brasília: MEC/SEF, 1998.

CURY, Augusto. *Pais brilhantes e professores fascinantes.* Rio de Janeiro: Sextante, 2003.

KLEIMAN, Ângela. *Texto e leitor: aspectos cognitivos da leitura.* Campinas: Pontes, 2002.

MURRAY, Roseana apud BERALDO, Alda. *Trabalhando com poesia.* São Paulo: Ática, 1990.

12

O poder da comunicação produtiva

Quando o dia parece longo demais, a tagarelice vazia faz com que pareça menor. Mas essa é uma das piores maneiras de empregarmos nosso tempo. Se o alfaiate fica apenas segurando a agulha no ar e passa o dia falando com o cliente, seu trabalho nunca termina. Além disso, corre o risco de espetar o dedo. Em suma, conversas sem sentido, nem objetivo, impedem-nos de realizar qualquer tipo de trabalho
Dalai Lama

Vál Sovéral

Vál Sovéral

Psicóloga Clínica formada pela Faculdade de Filosofia, Ciências e Letras de Guarulhos, licenciada em Pedagogia pela mesma Faculdade. Palestrante, Consultora em Treinamento e Desenvolvimento Humano, Numeróloga Cabalista. Revisora Técnica do livro: CUIDADO! Proteja seus filhos dos Bullies, de autoria de Deborah Carpenter e Christopher J. Ferguson. – Editora Butterfly – 2011.

Contatos

sire.valdeniza@gmail.com
(11) 96878-0038 (com WhatsApp)
(11) 97235-0567

Para melhor compreensão desse trabalho, vamos entender as definições abaixo:

Comunicação produtiva = comunicação proveitosa, benéfica.

Comunicação tóxica = comunicação venenosa.

A comunicação produtiva é um componente importantíssimo para o favorecimento de um ambiente de trabalho saudável, criativo e produtivo, colaborando para o sucesso de uma empresa ou qualquer outro tipo de organização sem fins lucrativos.

Aparentemente, a comunicação é algo simples, mas parece que a maioria das organizações não sabe lidar com ela e, assim, não realiza suas metas. A razão se dá porque há nessas empresas conflitos entre grupos – sejam eles da mesma equipe, ou de setores diferentes, porém, correlacionados, sendo que seus colaboradores parecem viver sempre em conflitos, gerando grandes e sutis campos de batalhas. Nesse ambiente tóxico, onde os colaboradores, em sua maioria, procuram se preservar de serem vítimas desse tipo de comunicação, geram-se três pecados capitais – Fofocas, Críticas, e Isolamento (falta de comunicação). E, assim, criam-se problemas dos mais diversos tipos, relacionados aos comportamentos inadequados decorrentes dessas condições.

FOFOCAS

Não é nada produtivo dedicar-se a conversas que dividam as pessoas, que as critiquem pelas costas, ou que apenas ocupem o tempo em temas vazios. Pode até não haver a intenção de fazer mal aos colegas, pode estar apenas repetindo o que ouviu, porém, essa conduta gera um efeito quase sempre destrutivo.

É muito comum que alguém nessa situação, quando questionado, dizer que só está "vendendo o peixe" de acordo com o que comprou. Isso não importa: temos a responsabilidade de analisar se aquilo que ouvimos deve mesmo ser passado adiante. E, daí, só então, passar ou não.

Portanto, num clima organizacional assim, é impossível ter confiança, pois todos se sentem inseguros. As pessoas perdem sua naturalidade, e passam a hesitar quanto ao que falar, ficam preocupadas se suas palavras não serão deturpadas e, claro, o que estarão falando pelas suas costas também.

Outro resultado negativo está relacionado à produtividade e à lucratividade, que sofrem efeitos alarmantes porque as fofocas, e tudo que as envolve, acabam minando a força da empresa, uma vez que absorvem um tempo que poderia ser utilizado para solução dos problemas, no surgimento de novas ideias, ou ainda na exploração de novos mercados.

Outro problema bem conhecido é a famosa "Rádio Peão" que, infelizmente, já está internalizado na cultura organizacional e, por isso, está sempre presente. É através dela que se veiculam as fofocas, notícias incertas e alarmantes, e até mesmo mensagens indiretas das lideranças da empresa (podendo ser positivas ou negativas).

CRÍTICAS

Com a crítica frequente, há um reforço de mensagens sobre um comportamento não desejado, ao invés de mudanças de fato. Quanto mais se aponta as falhas/erros da pessoa, mais dificuldade ela terá de se corrigir porque isso gera insegurança quanto à capacidade intelectual e, obviamente, profissional dos indivíduos.

Este, inclusive, é um processo que se arrasta pela vida, muito antes da chegada da fase profissional. Muitas das capacidades que o ser humano possui não são utilizadas porque, desde a infância, durante o processo de educação/formação do indivíduo até sua maturidade, na idade adulta, as sociedades, em geral, reforçam o erro muito mais do que os acertos. Ou seja, se critica (na maioria das vezes destrutivamente) muito mais do que se elogia. E, assim, os erros são colocados em destaque nas mais diversas situações causando prejuízos emocionais difíceis de serem superados.

Coordenadores de equipes ou chefias queixam-se do baixo rendimento dos seus colaboradores, do ambiente de trabalho ruim, e de tudo o que envolve esse aspecto. Mas será que já refletiram se têm exaltado as boas características deles? Será que já se questionaram se com suas palavras, que só apontam falhas, não estão reforçando o comportamento considerado inadequado?

Infelizmente é muito comum essa ocorrência: líderes que destroem pessoas através do seu julgamento, envergonhando-as na frente dos colegas e contribuindo, de forma direta, para a desmotivação de ótimos colaboradores e, até mesmo, para com a sua saída da empresa.

Há ainda as pessoas que confundem sinceridade com falta de respeito, falta de educação, ironia e, acima de tudo, agressividade. Não me refiro aqui somente àquelas que ocupam algum cargo que lhes dê poder. Quando querem expressar o que pensam, sentem-se no direito de xingar, gritar, utilizar termos desnecessários, de envergonhar a pessoa na frente dos outros, tudo em nome da bendita "sinceridade".

A pessoa agride porque é tão prepotente que se acha acima de tudo e de todos, e que se assim agiu é porque "alguém" a provocou. Não consegue transformar sua comunicação tóxica em produtiva porque não retém aprendizado de cada experiência. Sente-se orgulhosa de ser assim porque diz tudo o que pensa e principalmente porque fala "na cara". Só que não admite o quão destrutiva se torna em qualquer ambiente que esteja: trabalho, casa, família, relacionamentos, voluntariado e, até mesmo nas redes sociais, muitas vezes transformando-se em motivo de chacota por parte daqueles que, na sua frente, "respeitam-na", mas por trás riem das situações criadas por ela, considerando-as ridículas.

ISOLAMENTO (falta de comunicação)

É muito fácil, diante das circunstâncias aqui citadas, a pessoa isolarse, sentindo-se perseguida, desvalorizada e com sua autoestima abalada. E se for ela, provedora de informações que precisam ser veiculadas, não vai conseguir divulgá-las no momento certo e no tempo oportuno. Este é um problema sério, porque a falta de comunicação, além de acarretar falha no andamento do trabalho, causará prejuízos devido ao transtorno do atraso desse compartilhamento.

MÉTODO PARA TRANSFORMAR A COMUNICAÇÃO TÓXICA EM PRODUTIVA

1-) A palavra bem colocada tem grande poder:

É importante que as pessoas se conscientizem que são responsáveis pelo que falam e pelas consequências decorrentes de seus discursos. Quem não quer trabalhar num lugar saudável, afinal? Um lugar no qual é grande a confiança entre gerência e os funcionários, um lugar de comunicação honesta e aberta, caracterizado pelo respeito mútuo e ótimos resultados?

Para isso, os indivíduos devem ter autocontrole e bom senso em suas comunicações uns com os outros. Dessa maneira, a organização se beneficia através das comunicações significativas, eficazes, autênticas e claras.

Atualmente, é muito evidente a falta de respeito que as pessoas têm para com seus pares, em qualquer ambiente que estejam. Faz-se urgente observar que o respeito, a gentileza, a cooperação e a compreensão, ainda são muito importantes para a grande maioria das pessoas. Sim, porque antes de se tornar um profissional, a pessoa é um ser humano, e como tal deve ser respeitado – se desejo receber respeito e consideração, devo praticá-los antes.

Mas aí você pode perguntar: o que faço quando alguém fala mal de mim?

Na maioria das vezes há o desejo oculto (ou não...) de querer, de alguma maneira, dar o troco, falar mal também, ou tirar satisfações. Porém, não é recomendável que se faça isso, a fim de não se igualar ao outro. É fundamental ter paciência e esperar, porque a lei natural é clara: tudo o que você lança no Universo volta para você, seja bom ou ruim.

Diante disso, faça algo a mais pelo seu colega. Isso sim é um investimento saudável, e que gera sinergia. Quando for você que estiver precisando de ajuda, o outro, com certeza, terá boa vontade em auxiliá-lo também. E como a sinergia auxilia na comunicação produtiva?

Stephen R. Covey, no livro de sua autoria *Os 7 hábitos das pessoas altamente eficazes*, se refere à sinergia da seguinte maneira:

"Valorizar as diferenças é a essência da sinergia – as diferenças mentais, emocionais e psicológicas entre as pessoas. E a chave para valorizar as diferenças é perceber que todas as pessoas veem o mundo não como ele é, mas como elas são." Ainda são dele as seguintes orientações:

"Você pode começar sendo sinérgico consigo mesmo, embora esteja em um ambiente hostil. Você não precisa considerar pessoais os insultos. Pode se esquivar da energia negativa. Pode buscar o que há de bom nos outros e utilizar esse lado bom, por mais diferente que seja, para melhorar seu ponto de vista e aumentar sua perspectiva.

Você pode exercer a coragem em situações interdependentes, para ser aberto, expressar seus sentimentos, ideias e experiências, de um modo que encoraje outras pessoas a fazer o mesmo. Você pode valorizar as diferenças nas outras pessoas. Quando alguém discordar de você, responda:

— Ótimo, você vê de forma diferente. – Você não precisa concordar, pode simplesmente reconhecer. E procurar compreender.

Quando você só vê duas alternativas – a sua e a "errada" –, pode procurar uma terceira sinérgica."

Isso quer dizer que uma pessoa realmente eficaz e sinérgica deve ter humildade para reconhecer suas próprias limitações perceptivas, e valorizar as diferenças porque estas aumentam seu conhecimento, sua compreensão da realidade. É perceber que se outra pessoa dá uma interpretação diferente para a mesma coisa não quer dizer que ela esteja errada. Por exemplo: na figura anterior, uma pessoa pode ver a princesa, outra, ver a velha e ambas podem estar certas. Veem as mesmas linhas e espaços que formam o desenho, mas dão a ele interpretações diferentes. Portanto, duas pessoas podem discordar e as duas estarem certas. Isso é real. Por isso, percepções diferentes devem ser valorizadas e compreendidas, para que assim possa se encontrar uma solução que será melhor para todos os envolvidos.

Existem, ainda, outras maneiras de se fazer mais pelos outros:

- Quando perceber que o seu colega está estressado, talvez até mesmo angustiado, pergunte se há alguma forma de ajudá-lo;

- Ao perceber que algum colega/chefia está com problemas familiares, tenha interesse em apoiá-lo caso o mesmo permita isso;

- Mantenha guardadas as confidências que sejam compartilhadas com você;

- Saiba ouvir mais do que falar. As pessoas andam tão ansiosas, que quando alguém começa a falar, já querem apressar a conclusão, gerando uma série de mal entendidos. Em sua maioria não consegue escutar com a intenção de compreender. Elas ouvem com a intenção de responder, estão sempre falando ou se preparando para falar. É interessante perceber que passamos anos aprendendo a ler e escrever, assim como aprendendo a falar. Mas quanto a escutar, não recebemos nenhum treino que nos habilite a ouvir para compreender real e profundamente o outro ser humano, a partir do quadro de referências dele. O objetivo maior da escuta deve ser em primeiro lugar a compreensão. Ouvir para compreender não significa concordar com a pessoa, mas em compreendê-la profundamente, tanto emocional quanto intelectualmente. Procure compreender primeiro, depois ser compreendido. Só se chega à sabedoria ouvindo mais do que falando.

- Procure imediatamente o seu colega quando perceber um mal entendido. Essa atitude, além de impedir que a situação se alastre, tornando-se um assunto exposto aos demais, fortalecerá os vínculos de confiança mútuo. Mas o faça de forma a não expor o outro, muito menos de forma agressiva.

Esses são exemplos de comunicação produtiva e comportamentos que podem auxiliar a humanizar o ambiente de trabalho. Isso é bom para as pessoas e para você também, já que são demonstrações de estima.

Os chefes devem ter a perspicácia de saber que o reconhecimento é um enorme motivador das pessoas e, em muitos casos, até mais do que o próprio dinheiro. Um elogio público ou uma pequena recompensa podem fazer com que a pessoa se sinta acolhida e reconhecida. Porém, é preciso ter atenção para com os presentes, que devem ser significativos para quem os recebe, pois se assim não forem, podem gerar as impressão de condescendência e manipulação, e não surtir o efeito desejado.

2-) A crítica deve ter como objetivo principal o ensinamento. Nunca deve servir para demonstrar superioridade sobre a pessoa que se está criticando. Quando, ao fazer uma crítica, você perceber que não está conseguindo manter o foco no ensinamento, não se deve criticar.

Toda vez que se for apontar o erro/falha de alguém num processo com o intuito de "criticá-lo ensinando", elogie sinceramente suas qualidades primeiro, reconhecendo sua capacidade para um bom desempenho, e depois fale os pontos negativos. O efeito psicológico dessa atitude é altamente eficaz, porque a pessoa sente-se reconhecida e acolhida, assumindo um compromisso de não decepcionar a si mesma, nem a você.

Por meio da minha experiência como profissional da área da psicologia, tenho observado que a grande maioria dos problemas que afeta as pessoas ocorre por causa da sua autoestima comprometida. São indivíduos que não se valorizam pelo que são, e buscam sempre ser valorizados em função do que os outros esperam que eles sejam. Em decorrência dessa necessidade, não desenvolvem habilidades de comunicação, autoconfiança, voltadas para relacionamentos enriquecedores, tanto no trabalho quanto na vida pessoal.

O ser humano precisa muito do estímulo positivo para crescer. Por isso, seja em qual lugar e posição que nos encontremos, procuremos sempre observar mais as qualidades do que os defeitos dos outros, pois nossa avaliação e "pré" conceitos, muitas vezes equivocados, levam-nos a ignorar o que as pessoas têm de melhor dentro de si.

Essas situações não são apenas teóricas: é a realidade crua do clima organizacional de muitas empresas, escolas, organizações sem fins lucrativos, associações esportivas, etc.. Por isso, entendemos que a humildade é uma virtude que precisa ser mais cultivada. Mesmo que você esteja certo e o outro errado, destruir o ego dele não é seu direito.

Antoine de Saint-Exupéry escreveu: "Não tenho o direito de dizer ou fazer qualquer coisa que humilhe o homem diante de si mesmo. O que importa não é o que penso dele, mas o que ele pensa de si mesmo. Ferir a dignidade de um homem é cometer um crime".

Há que se refletir também sobre aquele que recebe um *feedback* negativo. Há um ensinamento budista que diz o seguinte:

> "Quando recebo palavras produtivas, que não foram buscadas,
> Que me aconselham de forma útil e habilidosa,
> Devo aceitá-las com gratidão, sempre
> Procurando aprender com todos."
> (Bodhicharyavatara 5.74)

Ao receber uma crítica ou um conselho que não foi solicitado, a pessoa geralmente ressente-se, ficando magoada porque não está preparada para isso. A partir desse sentimento, não só gera como fica totalmente dominada pela raiva, não aprendendo nada com o que lhe está sendo dito. Por isso, é importante que as pessoas mudem suas posturas mentais e até mesmo suas crenças, porque com isso vão contribuir de forma mais produtiva consigo mesmas, aprendendo a demonstrar mais gratidão do que insatisfação. Além do que, se o seu chefe ou um colega não lhe diz o que está fazendo de errado, como você vai se corrigir?

A esse respeito Allan Percy, no livro *Oscar Wilde para inquietos* esclarece o seguinte:

> Somos bastante despreparados para aceitar críticas. Quando elas chegam, é comum respondermos com agressividade ou então deixarmos claro que as desprezamos, que não as assumimos. O ideal é saber ouvir e avaliar uma crítica tendo em mente a pessoa que a fez e sua intenção em relação a nós. A que vem de um ente querido não tem o mesmo peso que as feitas por um colega de trabalho, um chefe ou um simples conhecido. Venham de quem vierem, é preciso responder adequadamente a elas. Portanto, diante de uma crítica:
> - analise o que está sendo dito e tire suas próprias conclusões.
> - não contra-ataque nem fique na defensiva.
> - peça sugestões caso acredite que a pessoa possa ajudar.
> - ignore o que for mero fruto de inveja ou vingança.
> - nunca responda com outra crítica.
>
> Uma crítica pode ser um bom pon-

to de partida para uma mudança benéfica.

A comunicação produtiva também envolve a verdade. Um chefe deve sempre incentivar a seus colaboradores que digam sempre a verdade independente das consequências que podem advir.

3-) Todos são responsáveis pela melhora do ambiente de trabalho através da comunicação produtiva, que não se dá somente pela fala, mas também através da escrita, postura corporal, expressão facial, e principalmente no respeito à individualidade de cada um. É importante também uma autoavaliação para perceber até que ponto você colabora para que a situação esteja do jeito que está. Devemos, em primeiro lugar, avaliar nossa própria atitude para com os outros e analisar assiduamente se estamos agindo bem. Antes de apontar o dedo para os outros, devemos apontá-lo para nós mesmos. Em segundo lugar, devemos sempre estar atentos para reconhecer nossos erros e procurar corrigi-los. Reconhecer os próprios erros também é muito produtivo.

Isolar-se, como algumas pessoas fazem, procurando demonstrar o quanto esse ambiente é hostil e não relacionar-se com nenhum dos colegas, não comunicar-se com ninguém, a não ser o estritamente necessário, será a melhor saída? Será que esse comportamento não é mais cômodo, porque, assim, você não precisa se mobilizar internamente para nada? Naturalmente tendemos a ser condescendentes conosco mesmos. A nos olharmos com benevolência. Se alguma coisa ruim nos acontece, sempre temos a propensão de atribuir a culpa aos outros, a Deus, ao destino, etc. e nos recusamos a penetrar em nosso interior, num trabalho de autoconhecimento.

Essa omissão acompanhada do sentimento de raiva e muitas vezes medo, considerando todos como seus inimigos, não colabora no sentido de as pessoas aprenderem com você. Aliás, vale lembrar uma frase de Hermann Hesse que diz: *Quando tememos alguém, concedemos a esse alguém poder sobre nós.* Por isso, lembre-se que sempre há uma maneira de poder, produtivamente, claro, colocar os seus limites e seus valores.

Karl Albrecht se dedicou ao estudo da Inteligência social e descreve as cinco habilidades que caracterizam essa inteligência:

- Ser capaz de entender as pessoas e seus sentimentos em diferentes situações.
- Ser acessível, transmitir proximidade, confiança e amabilidade.
- Ser sincero consigo mesmo e com os outros, pois quem é fiel a si mesmo ganha o respeito dos demais.

- Saber expressar claramente os próprios pensamentos, opiniões, ideias e intenções.

- Ser capaz de conectar-se com o outro, de harmonizar pensamentos e sentimentos nas relações interpessoais.

Convido-os a exercitarem essas habilidades.

Todos concordamos que o ser humano é todo comunicação; o corpo fala, o olhar fala, mas a maneira mais utilizada na comunicação diária ainda é através das palavras que chegam sempre carregadas de energia. E é por isso que são tão perigosas, pois essa energia pode ser negativa ou positiva, e da mesma forma, desencadeiam emoções tanto em quem fala quanto em quem ouve.

As emoções também têm influência fundamental na propagação de energias boas ou ruins. É muito comum observarmos que quando algumas das pessoas em um ambiente estão alteradas emocionalmente, essa alteração acaba "contaminando" as outras que estão ao redor e esse clima se generaliza e por que isso acontece?

A ciência já comprovou que estamos todos conectados porque estamos mergulhados em um campo de energia (matéria que constitui o mundo), que permeia nosso mundo e preenche todos os espaços "vazios". Entre todos os nomes designados a esse campo, ele também é chamado de "Matriz Divina" segundo escreve Gregg Braden no seu livro de mesmo título. A Matriz Divina propicia o recipiente, a ponte e o espelho para tudo o que acontece entre o nosso mundo interior e o mundo externo ao nosso corpo.

Os cientistas perceberam através de experimentos que:

1. Existe uma forma de energia entre os tecidos vivos que não era reconhecida no passado.
2. As células e o DNA se comunicam por meio desse campo de energia;
3. A emoção humana exerce influência direta sobre o DNA vivo que afeta a matéria que constitui o mundo, ou seja, a Matriz Divina;
4. A relação entre as emoções e o DNA transcende limites espaciais e temporais. Os efeitos são os mesmos, independente da distância.

Em relação a isso, Gregg Braden escreve na obra citada:

"A ciência moderna descobriu que nosso corpo, ao experimentar emoções, também processa mudanças químicas de coisas como pH e hormônios, ambos capazes de espelhar nossos sentimentos. Mediante experiências "positivas" de amor, compaixão e perdão, por meio de emoções "negativas" de ódio, julgamento e inveja, somos dotados do poder de afirmar ou negar nossa existência a cada momento de todos os dias. Mais ainda, a mesma emoção que nos dá tal poder ***dentro*** do nosso corpo, estende sua força no mundo quântico, ***além*** do nosso corpo".

Baseando-se nas afirmativas científicas citadas, fica evidente que compete a cada um de nós cuidar cada vez mais da nossa comunicação, pois as palavras não são apenas símbolos. Elas exercem poder.

Um outro aspecto relevante a ser observado, é que se você utiliza muitas gírias na sua comunicação, deve observar os ambientes para que assim possa proceder. Nas organizações corporativas, essa não é uma forma de comunicação produtiva porque muitos termos não são compreendidos dentro da estrutura de uma linguagem clara e entendível.

Para colocar o método aqui descrito em ação, é necessário, apenas, mobilizar a sua vontade, fazendo valer suas verdades, valores e aprendizados. Sim, porque a vontade é a maior alavanca que o ser humano possui para conseguir o que quer. Por isso, faça desde já o seu ambiente de trabalho se tornar um lugar agradável, de crescimento, não só profissional, mas também pessoal, afinal, você passa a maior parte do seu tempo acordado nesse local, vendo seu chefe e seus colegas mais do que seus familiares.

Lembre-se sempre que você tem o direito de ser feliz. Permita-se e assim o será.

Vál Sovéral
Outubro/2016

Referências

BRADEN, Gregg. *A Matriz Divina.* Cultrix, 2008.

CARNEGIE, Dale. *Como fazer amigos e influenciar pessoas.* 52ª ed. Companhia Editora Nacional, 2012.

COVEY, Stephen R. *Os 7 Hábitos das pessoas altamente eficazes.* 52 ed. Best Seller, 2014.

DALAI Lama. *Palavras de Sabedoria.* 1 ed. Editora Sextante, 2001.

KARL, Albrecht. *Inteligência Social: A nova ciência do sucesso.* M.Brooks, 2006.

Metc.alf, Franz e Bj Gallagher. *O Buda e o Executivo.* 1 ed. Cultrix, 2014.

PERCY, Allan. *Oscar Wilde para inquietos.* Cultrix, 2008.